식물에게
배우는
네 글자

식물에게
배우는
네 글자

이선 지음

궁리
KungRee

4억 년과 200만 년…… 이것이 무엇을 뜻하는 숫자인지 가늠할 수 없으시겠지요. 이것은 식물이 육지로 올라와 자라기 시작한 햇수와 인류가 이 땅에 태어난 햇수입니다. 지구상에 육상 식물이 태어난 것은 약 4억 년 전이라고 합니다. 그 후 수억 년 동안 수많은 동물을 먹여 살렸으니 식물은 지구 생물의 어머니라고 해도 그리 틀린 말은 아닐 겁니다. 우리 인간은 그보다 한참 뒤에서야 비로소 명함을 내밀게 되었습니다. 인류보다 무려 수억 년을 더 살아온 식물은 우리의 까마득한 대선배라고 말할 수 있을 것입니다. 억겁의 시간을 이 땅에 살아오면서 식물은 얼마나 많은 우여곡절을 겪었겠습니까. 그런데 새까만 후배인 인간이 온 세상을 들쑤시고 휘저으며 이 땅의 제왕으로 군림하더니, 급기야 숲속에 잠들어 있던 바이러스를 깨워 호되게 역공을 당하고 있습니다. 전부 우리가 초래한 일들이라 감내하는 수밖에 없지요. 그동안 우리는 식물을 선배 대접은커녕 하찮게 여기거나 소홀히 대했던 것이 사실입니다. 지구가 나이를 먹을수록, 그리고 우리가 숨쉬기 어려울수록 식물의 의미와 가치는 점점 더 커지는 것을 어찌 부정할 수 있겠습니까.

산과 들로 쏘다니며 오랫동안 식물을 접하며 살았습니다. 그러면서 매번 떠오른 생각은 인간세상과 식물세상이 크게 다르지 않다는 점이었지요. 그것은 사람이나 식물이나 같은 생물이기 때문일 것입니다. "식물은 사람과 닮았다. 식물은 피부를 지녔으니 그것이 껍질이다. 그 머리와 머리카락은 뿌리에 해당한다. 줄기는 형상과 특징을 지니며, 감각과 감성을 지닌다." 르네상스시대 스위스 출신의 의사이자 본초학자였던 파라셀수스가 한 말입니다. 진화론을 주장한 찰스 다윈도 식물의 뿌리가 인간의 뇌와 같은 기능을 한다는 '뿌리뇌(root-brain)' 가설을 주장한 바 있습니다. 식물, 특히 나무는 형태적으로나 생리적으로 인간과 매우 닮아 오래전부터 동질감을 느껴왔습니다. 그런 의미에서 "나는 나무와 친척인 것 같은 느낌이 든다"라는 오토 링크의 표현이 가슴에 와닿습니다. 한 발 더 나아가 "나무와는 형제처럼 이야기를 나눌 수 있다"라고 했던 에리히 캐스트너나 매화를 아내로 삼았던 임포(林逋), 그리고 매화와 호형호제하셨다는 퇴계 이황 선생을 생각하면 식물과의 교감이 얼마나 돈독했는가를 알 수 있습니다.

우리 조상들은 자연을 경외했지만, 거기에 압도당하지 않았고, 자연과 가까이 지냈으나 그것을 섣불리 대하지도 않았습니다. 자연의 품위를 손상하지 않았던 옛사람의 지혜로운 삶은 우리에게 시사하는 바가 큽니다. 그러나 지금 우리가 식물을 대하는 태도는 선조들의 태도와는 사뭇 다른 듯합니다. 식물을 너무 친근하게 생각해 함부로 대하거나, 아니면 그 의미와 가치를 과소평가한 탓이겠지요. 대선배인 식물에 대해 최소한의 예의는 갖추어야 합니다. 구이경지(久而敬之)라는 말은 식물에도 유효합니다. 아무리 인간세상과 식물세상이 흡사하다 해도 '식물국회', '식물정권', '식물정당' 등의 표현은 달갑지 않습니다. 특히 '식물국회'라는 표현은 식물을 모독하는 말이 아닐까요. 국민의 세금으로 허구한 날 정쟁을 일삼는 국회를 식물과 비교하다니요. 만약 식물이 말을 할 수 있다면, 우리에게 불만을 토로하지 않았을까 하는 상상도 해봅니다. 식물이 무슨 죄가 있어 그 험한 국회에까지 끌려가 모욕을 당해야 하는지 알수 없습니다. 식물에 빗진 사람으로 불쾌하기까지 합니다. 국어사전에는 식물국회와 식물정당을 "제 기능을 못하는 국회나 정당"으로 정의하고 있습니다. 하지만 제 기능을 못하는 식물은 없으니 이 표현 또한 사리에 맞지 않습니다. 게다가 다른 생물에 빌붙어 사는 우리와 달리 식물은 독립적으로 살아갑니다. 평생을 한곳에 뿌리박고 인의(仁義)를 실천하며 사는 생물이 바로 식물입니다. 이리저리 철새처럼 (동물학자에겐 죄송한 표현입니다만) 정당을 옮겨 다니며, 개인 영달을 꿈꾸는 정치인보다 훨씬 나은 존재입니다. 제발 식물을 정치판에 끌어들이지 말기 부탁드립니다. 식물을 사랑하는 많은 분들이 제 말에 공감하시고 지지하리라 생각됩니다.

사실 식물사회를 인간사회에 비유하는 것은 새로울 것이 없습니다. 우리의 속담이나 사자성어는 옛사람들이 세상을 보는 지혜와 통찰이 담긴 절묘한 표현으로 많은 부분이 식물이나 동물, 그리고 자연현상을 빗대어 인간사를 비유해왔습니다. 식물이 살아가는 방식을 유심히 살펴보면 어찌 그리 우리의 삶과 닮았는지 놀랄 때가 많습니다. '서로 사랑하고 함께하며, 끝까지 살아남아 되돌아보는 삶'은 우리 인생사에서 매우 중요한 명제이자 과정입니다. 식물도 우리처럼 서로 사랑하고 갈등하며 생로병사를 겪습니다. 로마시대에는 아이가 태어나면 나무를 심고 그 나무의 생장을 보면서 아이의 미래를 점쳤다고 합니다. 그야말로 아이와 생로병사와 흥망성쇠를 함께하는 운명의 나무였던 것이지요.

오래전부터 식물의 삶에 우리의 삶을 중첩해보려고 궁리하던 차에 식물세상을 사자성어로 풀어보면 어떨까 하는 생각이 이 책의 씨앗이 되었습니다. 식물의 입이 되어 식물이 말하고 싶은 바를 전하는 것이 그동안 진 빚을 갚는 길일 거라 생각했기 때문입니다. 식물세상도 사자성어로 해석할 수 있다면 옛사람들이 식물을 친척이나 형제로 칭했던 바가 생경하지만은 않겠지요. 사자성어 중에는 어리석음을 경고하거나 교활함을 경계하는 사례가 많습니다. 그러나 식물세상에서는 그러한 예를 거의 찾아볼 수 없으니, 인간세상보다 더 정직하고 공평한 세상이 아닐까 생각됩니다. 이미 고인이 되신 어머니께서는 늘, "남을 보고 깨치거라"라고 말씀하셨는데, 그 말씀이 이제는 '나무를 보고 깨치거라'로 들립니다. 이래저래 식물은 저에겐 고마운 존재입니다.

언젠가 오랜 벗이 "어렵고 딱딱한 논문이나 전공서적도 좋겠지만 누구나 수월하게 읽을 수 있는 편한 글을 써보시라"고 충고하더군요. 그의 제안에 무모한 용기를 냈습니다. 그렇지만 생전 써보지 않았던 주제와 문체는 영 어색하였습니다. 마치 안 쓰던 근육을 사용할 때처럼 괜히 긴

장되고 온몸이 결린 느낌입니다. 글에도 쓸데없는 힘이 들어간 것을 아닐까 조심스럽습니다. 게다가 논문이나 전공서적에서는 쓸 수 없는 경어체의 글도 오래간만입니다. 누가 시킨 것도 아닌데, 우연히 그리되었습니다. 그런데 글을 경어체로 쓰다 보니 내 마음도 보드라워지고 온기가 도는 듯한 감정을 느끼게 되더군요. 심지어 두 손이 앞으로 모이고 마음마저 공손해지는 느낌이랄까. 제 글에 제 마음이 움직였다면 참으로 낯간지러운 자찬이겠지만, 아무튼 색다른 경험이었습니다.

지금까지 펴낸 몇 권의 책들은 사실과 정보를 일방적으로 전달하는 방식이었으나, 이 책에서는 제 사유와 심상을 독자들과 공유하고 싶습니다. 일방통행이 아닌 쌍방통행처럼 말이지요. 지식을 공유하는 것보다 마음을 공유하는 것이 훨씬 어려우면서도 의미 있는 일임을 다시 한번 깨닫게 되었습니다. 한편으론 이 글이 식물에 기대어 자칫 남을 깨우치려 하는 꼰대의 목소리로 들리지 않을까 우려됩니다. 구구절절이 옳은 말씀처럼 지루하고 따분한 것도 없으니까요. 글을 쓰면서도 내내 글처럼 생각하고 행동하는지 수시로 자문하고 뒤돌아보게 되었습니다. 어쩌면 이 책은 '나의 반성문'이 아닐까 하는 생각이 드는 것도 그래서입니다.

식물과 인간의 공통분모를 찾고자 노력했던 이 책을 통해 많은 분들이 식물에 한 발짝 더 가까이 다가가 호형호제하신다면 좋겠습니다. 각박한 세상일수록 온기가 필요합니다. 이 책이 식물에도 따스한 눈길 한 번 더 주는 계기가 된다면 더할 나위 없겠습니다.

어설픈 원고를 반색하며 맞아주셨던 이갑수 대표님과 번듯한 책으로 엮어주신 변효현 선생님, 그리고 장황하고 따분한 글의 핵심을 뽑아 독특한 작품으로 재해석해주신 판화작가 김지형 선생님께 감사드립니다. 유난히 힘들었던 지난 한 해를 잘 버텨준 가족에게도 고마움을 전합니다. 코로나19라는 어려운 상황 속에서도 비대면 화상 강의에 열심히 참여해준 모든 학생에게 고마움과 응원의 박수를 보냅니다.

2020년 11월

담소헌에서 이 선

차례

1부

서로
사랑하기

프리허그

比翼連理

비익연리

한때 길거리에서 모르는 사람과 포옹하는 퍼포먼스가 유행한 적이 있었지요. 일명 '프리허그'라고 부르는 이 행위는 길거리에서 프리허그 (Free Hug)라고 쓰여 있는 피켓을 들고 서 있다가 자신에게 포옹을 청해 오는 사람을 안아주는 것입니다. 생면부지의 사람과, 그것도 사람들이 붐비는 길거리에서 서로를 끌어안는 행위는 다소 부자연스러워 보이기도 합니다. 그러나 서로의 몸과 마음에 전해지는 온기가 얼마나 필요한지를 역설적으로 보여주는 것 같습니다. 상처받고 피폐해져가는 현대인들의 정서를 치유하려는 몸짓인지도 모릅니다. 얼마 전 서울의 광화문 광장 주변에서 반일 집회가 열렸을 때, 어느 일본인이 "저는 일본인입니다"라고 쓰인 팻말을 들고 프리허그를 시도했다고 합니다. 공감과 연대의 표현이겠지요. 프리허그는 개인적인 어려움을 보듬고 위로해주는 것을 넘어 증오와 차별이 넘쳐나는 지구촌에 사랑과 평화, 그리고 관용의 메시지를 전파합니다.

프리허그는 2001년 미국의 제이슨 헌터(Jason G. Hunter)라는 사람이 돌아가신 어머니의 유지를 받들어 처음 시작되었으며, 2004년 후안 만(Juan Mann)이라는 호주인에 의해 널리 알려지게 되었다고 합니다. 여러 어려움으로 우울증과 외로움을 겪으며 삶의 위기를 맞았던 그는 프리허그를 통해 많은 위로를 받고 새로운 인생을 살게 되었답니다.

허그데이(National Hugging Day)
홈페이지.

그런데 프리허그라는 이벤트가 탄생하기 전 이미 허그데이(National Hugging Day)*라는 행사가 시작되었습니다. 이 행사는 미국 미시간주의 클리오라는 작은 마을 목사였던 케빈 자보니(Kevin Zaborney)가 1986년에 처음 생각해낸 것이랍니다. 긍정적인 인간 상호작용을 위해 가족과 친지를 서로 안아주자는 취지로 시작되었다는군요. 예수님도 어린

---

* 허그데이는 매년 1월 21일인데, 이 기간은 크리스마스와 밸런타인데이 사이로 음울한 겨울 분위기를 극복해보고자 기념일로 정했다고 합니다. 한편 한국의 허그데이는 12월 14일입니다. 허그를 하는 사람들의 모임인 프리허그코리아에서 2006년 10월부터 매달 11일을 허그데이로 정하고 프리허그 운동을 벌인 데에서 시작되어 12월 14일로 자리를 잡았습니다.

아이를 안아주셨다지요. "사람들이 예수의 만져주심을 바라고 어린아이들을 데리고 오매 (……) 내가 진실로 너희에게 이르노니 누구든지 하나님의 나라를 어린아이와 같이 받들지 않는 자는 결단코 들어가지 못하리라 하시고, 그 어린아이들을 안고 저희 위에 안수하시고 축복하시니라."**

갓 태어난 아기를 어머니 가슴 위에 올려놓아 서로의 체온을 느끼며 심장 박동 소리를 듣게 하는데, 그것으로 갓난아이와 어머니는 서로 간의 깊은 유대감을 느낀다고 합니다. 아마 이것이 사람이 태어나 처음으로 해보는 포옹일 것입니다. 어린 시절 어머니와의 신체 접촉이 충분할수록 안정된 정서를 갖는다고 합니다. 때로는 음식보다도 어머니의 따스한 체온이 더욱 그리운 것이 사실이지요. 서로 끌어안고 토닥여주는 행동은 면역 체계 개선이나 심장병 위험을 줄여준다는군요, 또 우울증과 만성 통증을 완화하며 스트레스 호르몬인 코르티솔의 감소에도 도움이 된다고 알려져 있습니다. 포옹은 심리적 안정뿐 아니라 생리적 변화에도 긍정적인 영향을 미친다니 놀라울 따름입니다.

한편 사랑하는 사람끼리 끊임없이 쓰다듬고 보듬는 스킨십은 접촉 위안(contact comfort)이라는 심리적 이유 때문입니다. 인간은 피부를 접촉할 때 뇌에서 엔도르핀과 옥시토신을 분비하여 행복감과 안정감을 느낀다고 합니다. 어렸을 때 손에서 놓지 않았던 베개나 이불, 또는 인형을 어른이 되어서까지 그리워하는 것도 접촉 위안에 기인합니다.

** 마가복음 10장 13~16절.

충북 괴산에 있는 소나무 연리지. 마치 프리허그를 한 모습입니다.

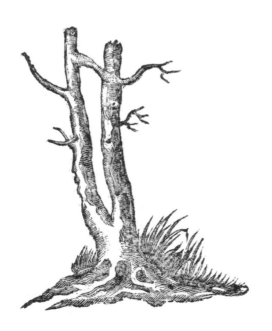

토머스 가닛이 그린
스코틀랜드의 연리지.

사람뿐 아니라 대부분의 동물도 심리적 안정이 필요할 때 서로의 몸을 비비는데, 침팬지나 보노보는 마치 우리 인간처럼 포옹도 합니다.

그런데 접촉 위안은 동물의 전유물만은 아닌 모양입니다. 간혹 나무들끼리도 서로 포옹한 듯 붙어 자라는 것을 볼 수 있는데, 연리지(連理枝)라고 부르는 것이 그것이지요. 뿌리가 다른 나무의 가지가 서로 엉켜 마치 한 나무처럼 보이는 연리지는 부모와 자식, 또는 연인끼리 서로 끌어안거나 손을 꼭 잡고 있는 형상입니다. 연리지를 보면 사람들의 프리허그가 연상됩니다. 나무들도 교감하며 서로 위안을 삼는지 알 수 없으나, 생김새는 프리허그를 매우 닮았습니다. 식물들도 정말 접촉 위안을 느낄까요. 연리지만이 알 수 있겠지요.

중국 고사에는 연리지와 관련해 애틋한 모자의 정이 전해옵니다. 중국 후한 말기에 학자이자 효성이 지극했던 채옹(蔡邕, 132~192)이라는 사람은 편찮으신 어머니를 정성껏 간호했음에도 돌아가시자, 산소 옆에 움막을 짓고 시묘살이를 하였습니다. 그런데 언젠가부터 어머니의 무덤가에 자라던 나무 두 그루가 서로 붙어 한 나무가 되었답니다. 그러자 사람들은 '효성스러운 채옹과 어머니가 한몸이 된 것'이라 칭송하였답니다.

"하늘에서는 비익조(比翼鳥)*가 되길 바라고, 땅에서는 연리지가 되길

---

* 비익조(比翼鳥)는 전설 속의 새로 눈과 날개가 하나뿐입니다. 그러니 암수 한 쌍이 한데 합쳐져야만 양옆을 제대로 볼 수 있고 날 수도 있다고 합니다. 흔히 비익조와 연리지를 합해 '비익연리(比翼連理)' 또는 '연리비익(連理比翼)'이라고도 하는데, 이는 남녀 간의 애정이나 화목한 부부를 뜻합니다.

바란다"는 당나라 백낙천의 시처럼 연리지는 애정을 상징하기도 합니다. 신혼부부가 합환주(合歡酒)를 마실 때 쓰는 술잔도 연리배(連理杯)라고 하지요. 연리지는 또 상서로운 일을 상징하기도 하는데,『동사강목』에는 내물왕 3년 임금이 시조 묘에 친히 제사를 지내자, "자색 구름이 사당 위에 서리고 신기한 새들이 사당 뜰에 모였으며, 그로부터 5년 뒤에는 연리수(連理樹)가 사당 뜰에 났다"라는 기록이 보입니다. 또한 헌종이 제주도에 유배 중인 추사에게 글씨를 보내라고 명하자, 추사는 '목연리각(木連理閣)'이라는 네 글자를 써서 올렸습니다. 이는 '임금의 덕이 천하에 넘치면 연리지가 생긴다'는 말을 비유한 것으로 연리지가 상서로운 일이나 길조를 상징한다는 의미이지요. 연리지와 비슷한 말로 연리목(連理木)이 있는데, 연리지는 서로 다른 가지가, 연리목은 서로 다른 줄

두 줄기가 합쳐져 하나의 나무가 된 소나무 연리목의 나이테 단면.

기가 합쳐 자라는 현상을 말합니다. 충북 괴산의 소나무 연리지, 경북 청도의 소나무 연리지, 충남 외연도의 동백나무 연리지, 제주 비자림의 비자나무 연리목 등 국내에서도 많은 곳에서 연리지와 연리목을 볼 수 있습니다.

연리지는 같은 종끼리 나타나는 것이 대부분이지만 간혹 다른 종끼리도 가능합니다. 유럽에서는 너도밤나무, 단풍나무, 느릅나무, 물푸레나무 등 수피가 비교적 두껍지 않은 나무들에서 자주 발생합니다. 바람이 불 때 숲속에서 마치 대문이 삐걱거리는 소리가 들린다면, 나무줄기나 가지끼리 서로 마찰하는 소리일 가능성이 높습니다. 이것이 지속되면 서로 맞닿아 있던 줄기나 가지의 껍질이 벗겨지고 오랜 시간이 지나면 속살끼리 붙어 함께 자라게 되는 것이지요. 나무 스스로 이웃 나무와 접합된 자연 접목 현상이라고나 할까요. 연리지는 물과 양분을 공유한다고 하니 그야말로 혈육의 정을 나누는 사이라고 할 수 있겠지요.

서양에서는 연리지를 'husband and wife trees(부부 나무)', 'marriage trees(혼인목)'* 등으로 부르는데, 우리의 해석과 비슷하다는 것을 알 수 있습니다. 간혹 'hugging tree(포옹 나무)'** 라고 부르기도 하는데, 사람들이 포옹하는 모습과 비슷하여 붙여진 이름입니다. 보통 'hugging

---

* 영국의 물리학자이자 자연철학자였던 토머스 가닛(T. Garnett, 1766~1802)이 스코틀랜드의 인문지리를 다룬 책 『Observations on a Tour of the Highlands and part of the Western Isles of Scotland』(1800)에 등장하는 용어입니다. 그는 연리지를 'marriage trees(혼인목)'라고 표현하였습니다. 연리지가 서로 다른 느릅나무에서 발생했다고 설명하고 매우 특이하여 말로 설명하기보다 보여주는 것이 낫다며 스케치한 그림을 책에 수록하였습니다.

** 참조: http://www.nativetreesociety.org/index.html

나무 안아주기.

엘리자베스 비제 르 브룅의
⟨화가와 딸의 초상⟩,
1789년작.

tree' 또는 'tree hug'라고 하면 연리목을 뜻하는 것이 아니라 사람들이 나무를 껴안는 행위를 말합니다. 최근 산림청이나 지자체에서는 환경보호의 일환으로 '나무 안아주기(tree hug)' 캠페인을 벌이기도 합니다. 나무를 끌어안고 가만히 귀 기울여보면 나무의 숨소리와 말소리가 들리는 듯 합니다. 한곳에 머무르면서 수십 년, 아니 수백 년을 살아온 나무를 안아보면 생명의 존귀함과 시간의 의미를 깨닫게 되지요.

그 대상이 무엇이든 포옹은 사랑과 격려, 그리고 위로와 연대의 표현입니다. 월계수로 변한 다프네를 끌어안은 아폴론의 마음도 마찬가지였겠지요. 허그(hug)라는 단어 자체가 고대 노르드어인 'hugga(위로, 위안)'나 독일어 'hegen(보호하다, 울타리를 치다)'에서 기원했다고 하니 그 의미가 더욱 되새겨집니다. 어려운 일을 당한 사람이나 외로움에 사무친 사람에게는 수만 가지 표현이나 말보다 조용히 안아주는 것이 훨씬 위로와 격려가 될 때가 많습니다. 포옹은 언어와 눈빛으로 전하지 못하는 또 다른 진심을 전할 수 있으니까요.

최근 지구촌 곳곳에서 벌어지는 종교와 이념의 갈등, 계급과 빈부의 격차, 각종 테러와 전쟁 등으로 반목이 지속되고 있습니다. 설상가상으로 사스나 메르스, 신종 코로나와 같이 수시로 발생하는 각종 전염병은 갈등을 부추깁니다. 2019년 말 중국 후베이성에서 발생한 코로나19가 인접 국가로 확산되자, 프랑스의 지역 일간지에서는 '황색 경계령(Yellow Alert)'이라는 기사를 내보냈습니다. 또 독일의 대표 주간지《슈피겔》에서는 '코로나바이러스 메이드 인 차이나(Corona-virus Made in China)'라는

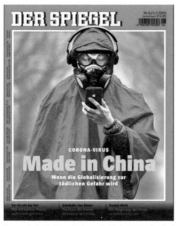

'코로나바이러스 메이드 인 차이나' 독일 잡지
《슈피겔(Der Spiegel)》 표지.

선정적 표지를 사용해 동양인들에 대한 차별과 혐오를 표현했습니다. 일부 매체에서는 아시아인들을 바이러스의 숙주로 간주하는 일종의 '코로나 인종차별주의(corona-racism)'가 유럽에 만연해 있다고 전합니다. 그러나 전염병의 역사를 볼 때 유럽이나 미국도 자유롭지 못합니다. 고대 그리스에서는 장티푸스가, 중세에는 흑사병이, 근세에는 스페인독감이 대표적입니다. 특히 흑사병은 유럽뿐 아니라 중동에도 전파되어 당시 유럽 인구의 1/3이 사망했다고 하지요. 미국에서 발병한 스페인독감은 당시 전 세계 인구의 3~6%인 5,000만~1억 명의 사망자를 발생시켰다고 합니다. 우리나라에서는 이 독감을 '무오년 독감'이라고 불렀으며 당시 14만 명이 숨졌다고 전해집니다.

코로나19 바이러스 전파로 미국인과 유럽인들은 아시아인들을, 아시아인들은 중국인을 혐오합니다. 중국 내에서는 후베이성 출신을 차별하고, 국내에서는 중국 교민을 꺼리는 분위기입니다. 급기야 우리나라에서 코로나19가 확산하자 다른 나라에서는 우리 국민의 입국을 불허하기도 하였습니다. 서로를 불신하고 혐오하는 분위기가 만연해 사람들 사이에서 온기가 사라지고 있습니다. 이러한 정서가 오히려 바이러스보다 더 무서운 것이 아닐까 하는 생각마저 듭니다. 2014~2015년 에볼라 사태를 겪었던 미국의 오바마 대통령은 비난 속에서도 적절한 대응 능력을 보여주었는데, 그중 하나가 피해자를 보듬어준 것이었습니다. 에볼라 환자를 돌보다 에볼라에 감염된 간호사가 완치되자 그를 백악관에 초대하여 따뜻하게 포옹해주었습니다. 피해자에게 두 팔 벌려 다가가 포옹해준 장면이야말로 에볼라를 극복하는 순간이었습니다.

중국발 코로나19가 전 세계로 퍼졌던 2020년 2월, 세계적인 관광지 이탈리아 피렌체의 시내 한복판에서 아시아인이 1인 시위를 하고 있었습니다. "나는 바이러스가 아니라 인간입니다(I am not a virus, I am a human being)"라고 쓰인 팻말과 함께 말이죠. 그냥 지나치는 사람도 있었지만, 많은 이들이 다가가 조용히 그를 안아주었습니다. 그는 중국 청년으로 편견과 차별을 버리고 서로를 사랑하자는 메시지를 전하려 했던 것이죠.

코로나19가 전 세계에 기승을 부리자 프란치스코 교황은 비 내리는 성 베드로 광장에 홀로 서서 "우리 모두가 같은 배를 탄 연약하고 길 잃은 사람이란 걸 깨달았습니다. (……) 우리는 혼자서 한 치도 나아갈 수 없다는 것을, 오로지 함께해야 한다는 것을 알게 됐습니다. 혼자서는 파선하고 맙니다"라고 연대를 호소하는 기도를 드렸습니다. 코로나19 사태를 겪으면서 우리가 서로 얼마나 깊이 얽혀 있는 존재인지 명확하게 드러났습니다. 전 세계 모두가 하나의 공동체임을 잊지 말아야 합니다. 공명지조(共命之鳥)라는 말처럼 자기만 살려고 발버둥치면 모두 죽게 됩니다. 어려울수록 함께 힘을 모아 난관을 헤쳐나가야 하겠지요. 우리가 비익조나 연리지는 못 되더라도 인의를 저버릴 수 없는 노릇 아닌가요. 혐오와 차별보다는 용기와 희망을 품을 수 있도록 서로 위로하고 포용하며 다독여주는 마음이 절실히 필요한 시절입니다.

진짜와 가짜

樹上開花

수상개화

　우리나라 통계청이 최근 공개한 인구동향지표에 따르면 해마다 출생
아 수가 계속 감소하고 있습니다. 2019년의 총 출생아 수는 30만 명을
간신히 넘겼다고 합니다. 이는 관련 통계가 시작된 1970년 이후 가장 낮
은 수치라는군요. 저출산으로 인구감소가 심각하고 생산인구도 줄면서
경제성장도 둔화합니다. 정부에서는 출산 격려금에 휴가까지 내걸며 적
극적인 출산장려정책을 펼치고 있지만, 쉽지 않은 듯합니다. 예전에는
'둘도 많으니 하나만 낳아 잘 기르라'고 당부하더니 어느 날부터 법까지
제정하며 아이를 낳으라고 독촉입니다. 급기야 인구감소로 심지어 국가
가 사라질 수도 있다는 말이 오갑니다.

최근 프랑스 엑스마르세유 대학의 진화생물학자와 생물통계학자, 고인류학자 등이 함께 인구통계학적 분석 방법으로 네안데르탈인의 멸종 원인을 연구하였습니다. 그 결과 지속적인 저출산과 영아사망률이 네안데르탈인의 멸종 이유일 수 있다는 가설을 제시하였습니다. 네안데르탈인은 기원전 4만 년경까지만 해도 유럽을 지배하고 있었으나, 현생 인류인 호모사피엔스가 나타나면서 점차 사라지게 되었습니다. 그간 현생 인류와의 접촉으로 인한 질병 감염, 자원 경쟁, 학살 등 다양한 원인으로 네안데르탈인의 멸종을 추정했었습니다. 그런데 원인이 저출산일 수 있다는 새로운 가설이 등장했습니다. 인구절벽이라는 단어가 주는 두려움이 실감 나는 요즈음입니다.

지구상의 모든 생명체의 목적은 크게 두 가지로 요약되는데, 그것은 생존과 번식입니다. 생물은 태어난 후, 각자 노력하여 큰 탈 없이 살아남는 것, 즉 개체 보존이 가장 큰 목적이지요. 그다음으로는 종족 보존입니다. 온갖 역경을 극복하고 자신의 유전자를 후대에 전달하여 오래도록 종을 보존하고 번성시켜야 합니다. 수백 킬로미터를 거슬러 올라 알을 낳고 끝내 죽는 연어나 각고의 노력 끝에 열매를 맺고 곧 시드는 꽃을 보면 생존의 최종 목표가 종족 보존이 아닐까 하는 생각도 듭니다. 그런데 종족 보존도 개체 보존이 우선되어야 가능합니다. 최근 출산율 저하를 보면 많은 사람이 종족 보존보다는 개체 보존에 더 큰 의의를 두는 듯합니다. 그만큼 아이를 낳고 기르기에는 우리의 사회적 여건이 녹록지 않다는 이야기겠지요.

식물을 이루는 기관은 영양기관과 생식기관으로 구분합니다. 영양기관은 말 그대로 영양분을 공급하여 식물 자체를 지탱하기 위해 필요한 기관으로 뿌리, 줄기, 잎이 해당합니다. 후세를 생산하기 위한 생식기관은 꽃입니다. 영양기관이 개체 보존을 위한 기관이라면, 꽃은 종족 보존에 필요한 기관이지요.

꽃을 피워 수분해야 다음 세대에 유전자를 물려줄 수 있음으로, 종족 보존에는 꽃이 결정적인 역할을 합니다. 번식의 필수 과정인 꽃가루받이에는 물과 바람, 동물 등을 이용하기도 합니다. 물이나 바람을 이용해 수분하는 식물은 곤충을 유인하는 화려한 꽃이 필요 없습니다. 그 대신 바람에 꽃가루가 날려 수정될 확률은 상대적으로 낮기 때문에 수많은 꽃가루를 생산해야 하지요. 봄철 자동차 지붕에 노랗게 내려앉은 송홧가루를 생각해보면 쉽게 이해될 겁니다.

꽃가루받이에 가장 중요한 역할을 하는 것은 곤충입니다. 곤충의 도움을 받아 수분이 이루어지는 충매화는 각양각색의 꽃을 피워내며 꽃가루받이 전략을 세웁니다. 색깔이나 형태로, 아니면 냄새와 향기로 제각각 곤충을 유인합니다. 또한 꽃가루는 점성이 있어 곤충의 몸에 달라붙기 쉽게 되어 있지요. 그뿐만 아니라 곤충을 꽃으로 유도하기 위해 꽃잎에 안내 표시*를 하는 꽃이 있는가 하면, 가짜 꽃으로 곤충을 유혹하는 녀석들도 있습니다. 식물은 종족 보존을 위한 분투노력을 아끼지 않습니다.

사람들은 꽃이 열매를 맺을 수 있느냐 없느냐에 따라 진짜 꽃과 가짜 꽃으로 구분해서 부릅니다. 가짜 꽃은 암술과 수술이 없어 열매를 만들

---

* 꽃잎의 안내 표시를 '벌 안내(honey guide)' 또는 '넥타 가이드(nectar guide)'라고 합니다. 허니 가이드는 벌꿀길잡이새(벌앞잡이새)를 뜻하기도 합니다.

수 없는 꽃이지요. 가짜 꽃은 말 그대로 꽃의 생식기능이 없어 무성화(無
性花) 또는 중성화(中性花)라고 합니다. 대부분의 식물에는 진짜 꽃이 달
리지만, 간혹 진짜 꽃과 가짜 꽃이 함께 달리거나 가짜 꽃만 달린 것도
있습니다.

진짜 꽃과 가짜 꽃이 함께 달리는 식물들은 대개 진짜 꽃의 크기가 작
아 곤충들의 눈에 잘 띄지 않는다는 약점이 있지요. 그 약점을 보완하기
위해 진짜 꽃 옆에 큼지막한 가짜 꽃을 달아 곤충을 유인합니다. 정확하
게 말하면 이때 가짜 꽃은 꽃받침이 발달하여 꽃잎처럼 보이는 것인데,
이를 장식화(裝飾花)라고도 합니다. 이 가짜 꽃을 떼어버리면 더 이상 곤
충이 진짜 꽃을 찾지 않는다고 하니 가짜 꽃의 역할은 막중합니다. 가짜
꽃은 진짜 꽃을 호위하듯 감싸며 자리를 잡습니다. 진짜 꽃을 중심으로
가장자리에는 크기가 큰 가짜 꽃을 배치하여 꽃이 곤충들에게 쉽게 눈
에 띄도록 하는 전략을 펼치는 것이지요. 가짜 꽃의 유혹에 끌려 곤충들
이 날아들면 꽃가루받이가 가능해지는 것입니다. 곤충뿐 아니라 사람들
도 이 가짜 꽃을 진짜 꽃으로 착각하는 경우가 많습니다. 관상용으로 자
주 심는 산수국, 백당나무 등이 진짜 꽃과 가짜 꽃을 함께 달고 있는 대
표적인 나무들입니다. 산딸나무는 가짜 꽃은 아니지만, 꽃잎처럼 보이
는 하얀 포를 진짜 꽃 주변에 배치하여 곤충을 유혹합니다. 이 가짜 꽃의
전략은 일종의 '과장 광고'인 셈이지만, 허장성세도 때로는 가성비 좋은
전략이 됩니다. 허세를 부리더라도 전투에 승리하는 것이 곧 살아남는
길이니까요.

『삼국지연의』에 다음과 같은 이야기가 등장합니다. 유비가 조조의 군

초여름에 보라색 꽃이 피는 산수국. 가운데가 진짜 꽃이고 가장자리에 네 개의 꽃잎을 단 것이 가짜 꽃입니다. 진짜 꽃은 크기가 아주 작아 꽃잎이 잘 보이지 않습니다.

백당나무도 가장자리의 가짜 꽃이 가운데의 진짜 꽃을 에워싸고 있습니다.

대에 쫓겨 달아날 때, 장비는 조조를 막기 위해 병사들을 이끌고 장판교(長板橋)를 지키고 있었습니다. 병사가 부족하다 보니 장비는 계책을 세웠지요. 병사들이 말의 꼬리에 나뭇가지를 매달고 이리저리 달리게 했습니다. 마침 장판교에 도착한 조조는 장비의 뒤쪽에 이는 자욱한 먼지를 보고 수만 대군이 몰려오는 것으로 착각하여 꽁무니를 뺐다고 합니다. 이것이 바로 중국의 병법전술인 삼십육계(三十六計) 가운데 29번째 계책인 '수상개화(樹上開花)'입니다. 수상개화란 가짜 꽃으로 나무를 장식하는 것으로 '힘이 약할 때, 다른 세력이나 여건을 이용해 약한 것을 강하게 보이게 하는 것'을 뜻합니다.

가짜 꽃으로 곤충을 유인하고 꽃가루받이를 성공시키는 전략이 장비의 책략과 크게 다를 바 없습니다. 꽃들도 제 약점을 알고 나름의 생존 전략을 구사하는 것이지요. 이처럼 진짜와 가짜를 교묘히 섞어 꽃을 꾸미는 식물이 있는가 하면 아예 가짜 꽃으로 승부를 보는 식물들도 있습니다. 많은 이들의 사랑을 받는 수국과 불두화가 그렇습니다. 수국은 산수국의 가짜 꽃을 집중적으로 육종한 것이고, 불두화는 백당나무의 가짜 꽃을 육종하여 만든 관상용 꽃입니다.

수국에는 여러 원예품종이 있는데, 특히 일본인들이 사랑하는 꽃이기도 하지요. 거기에는 200여 년 전의 애달픈 사랑 이야기가 전해집니다. 당시 일본은 나가사키 항구에 데지마*라는 작은 인공섬을 만들고 외국인들이 그 안에만 살도록 제한했습니다. 이 섬에는 독일 출신 의사 지볼트(Philipp Franz von Siebold, 1796~1866)**라는 군의관이 살고 있었습니다. 그는 뛰어난 식물학자이기도 하여 일본의 수많은 식물을 연구했지요. 그 지볼트가 사랑하는 여인 오타키 상의 이름을 넣어 명명한 수국 (*Hydrangea otaksa*). 1870년 출간된 그의 저서 『일본 식물상』에 수록된 세밀화입니다.

는 데지마에 드나들던 일본 여인 구스모토 오타키(楠本お滝)와 사랑에 빠졌습니다. 1870년 출간한 그의 저서 『일본 식물상(Flora Japonica)』에는 사랑하는 여인 오타키를 기리기 위해 그녀의 이름을 수국의 학명으로 써놓은 것을 볼 수 있습니다.*** 연인에 대한 지극한 사랑의 표시가 아닐 수

* 데지마(出島, Dejima)는 1636년 에도 막부의 통상수교 거부정책의 일원으로 나가사키 해안에 인공적으로 조성한 섬입니다. 전체 면적이 약 1.3ha밖에 되지 않는 이 섬에 처음에는 포르투갈 사람들이 거주하다 나중에 네덜란드인들이 정착하였습니다. 『하멜 표류기』로 유명한 헨드릭 하멜도 한국을 탈출 후 1666년 9월부터 약 1년간 데지마 섬에 머물렀다고 합니다.

** 지볼트는 독일 뷔르츠부르크 출신의 의사이자 자연과학자입니다. 1823년부터 1829년까지, 그리고 1859년부터 1862년까지 일본에 거주하며 일본의 문화와 식물을 서구에 알리는 데 중요한 역할을 했습니다. 1996년에는 지볼트 탄생 200주년을 기념하기 위해 독일과 일본에서 기념우표를 발행했습니다.

*** 지볼트는 애인 구스모토 오타키를 오타키 상(お滝さん)이라고 불렀는데, 수국의 학명 중 종소명에 그녀의 이름을 넣었습니다. 그는 수국의 학명을 *Hydrangea otaksa*로 명명하였지만, 나중에 *Hydrangea macrophylla*로 변경되었습니다.

산딸나무의 꽃과 포, 가운데 작은 꽃의 크기는 거의 1mm 정도로 잘 보이지 않지만, 가장자리 네 개의 백색 포로 시선을 끕니다.

수국은 토양 속의 산도에 따라 색이 변하는데, 공교롭게도 수국의 꽃말 중에는 '변덕'도 있습니다.

없습니다. 씨를 맺지 못하는 수국과 달리 이들 사이에서 태어난 딸인 구스모토 이네(楠本 イネ)는 일본 최초의 여의사가 되었으며, 손녀인 구스모토 다가노는 〈은하철도 999〉 메텔의 모델입니다. 이런 내력으로 현재 나가사키의 시화(市花)가 수국이고 매년 5~6월 사이에 수국 축제가 열립니다.

대략 5월에 피기 시작하는 수국의 꽃은 시간이 지나면서 색깔이 변하기도 합니다. 청색 계열에서 적색 계열로, 또는 그 반대로 바뀌기도 하지요. 이것은 토양 속의 알루미늄 함량에 따라 좌우되는 것인데요. 수국 안에 있는 안토시안이라는 성분은 산성 토양에서는 푸른색을 띠고 염기성 토양에서는 붉은색을 냅니다. 알루미늄을 축적하는 수국은 곤충의 피해를 잘 입지 않는데, 이는 알루미늄이 동물에 해롭기 때문이라고 합니다. 흙 속의 산성도에 따라 색이 바뀌기 때문에 수국은 토양 산도의 지표식물이라 할 수 있지요. 수국의 꽃말 중에는 '변덕'도 있다니 이를 두고 이른 것인 모양입니다.

부처님의 머리모양(螺髮, 나발)을 닮아 이름 붙여진 불두화(佛頭花)도 가짜 꽃으로만 장식된 무성화입니다. 이름에 걸맞게 사찰에서 자주 만날 수 있지요. 마침 부처님오신날을 전후로 꽃이 피니 이래저래 부처님과 인연이 많은 꽃입니다.

수국이나 불두화는 가짜 꽃에서 개량된 꽃이므로 씨를 만들지는 못합니다. 그렇다면 씨를 맺지 못하는 꽃들은 어떻게 번식할까요? 수분을 통하지 않는 무성번식의 방법이 있지요. 꽃가루받이 대신 자기 복제, 즉 줄기를 잘라 심으면 또 다른 하나의 개체로 탄생합니다. 꽃이 스스로 씨를

부처님의 머리모양을 닮아 그 이름이 붙여진 불두화.

퍼트리지 못하니 사람의 손을 빌릴 수밖에 없습니다. 이가 없으면 잇몸으로라도 살아야 하는 것이 세상 이치입니다.

벌과 나비를 불러 모으고 우리의 마음을 사로잡는 꽃은 매혹적인 사물입니다. 그러나 옛 선비들은 탐닉이 혹여 마음을 그르칠까 경계하며 꽃을 수양의 방편으로 삼았습니다. 완물상지(玩物喪志)와 격물치지(格物致知). 눈으로 보는 꽃과 마음으로 읽는 꽃이 다르듯이, 식물학에서 다루는 꽃과 성리학에서 살피는 꽃의 의미는 같은 듯 다른 모양입니다.

진실과 거짓이 어지럽게 뒤섞여 혼란스러운 어목혼주(魚目混珠)의 세상. 한때는 수양의 방편으로 삼았던 꽃을 두고 진짜와 가짜를 구별한다는 것은 따지고 보면 어불성설일 수도 있겠지요. "네가 누구이기에, 이웃을 판단하느냐"라는 성경 말씀이 생각납니다. 우리가 꽃의 번식 여부를 진실과 거짓의 기준으로 삼는 것은 꽃들에게 염치없는 일입니다. 아무리 생물의 생존 목적 중 하나가 종족 보존일지라도 꽃이 우리의 마음을 위로해주고 상처를 치유해줄 수 있다면 진짜와 가짜를 구분하는 것이 무슨 의미가 있겠습니까. 열매를 맺지 못하더라도 꽃은 그 자체로서 충분히 진실됩니다.

꽃들이 우리에게 묻습니다. '과연 당신들 중에는 누가 진짜인가요?'

때맞춰 내리는 비가
만물을 기르다

時雨之化

시우지화

국어사전에서 '기르다'를 찾아보면, '동식물을 보살펴 자라게 하다.' '아이를 보살펴 키우다.' '사람을 가르쳐 키우다' 등으로 설명되어 있습니다. 전부 수월한 일은 아니지요. 아이를 보살피거나 사람을 가르치는 일은 물론 동식물을 키우는 일도 결코 만만치 않은 일입니다.

그렇다면 사람들은 왜 꽃을 기를까요? 저마다 여러 이유가 있겠으나, 우선 식물의 외형적 특징에 반해서 시작하는 것이 대부분일 겁니다. 즉 눈에 보이는 아름다움이나 향기에 빠져 꽃을 사랑하게 되는 것이 첫 번째 이유일 테지요. 반려동물을 키우는 심정도 마찬가지일 겁니다.

꽃도 그 형태와 색깔이 무척 다양합니다. 빨강, 노랑, 파랑, 주황, 보라 등 꽃 색깔도 여러 가지이지만, 그 형태도 작은 것, 큰 것, 꽃잎이 갈라진

부귀영화를 상징하는 모란은 꽃이 화려하고 풍만한 느낌이 듭니다.

정조 임금이 특별히 아꼈던
식물 석류.

것, 겹겹이 포개져 있는 것 등 이루 셀 수 없을 만큼 많습니다. 어디 꽃뿐이겠습니까. 잎과 열매 등도 수만 가지이니 각자의 취향과 입맛대로 선택하여 정성을 쏟습니다. 색깔도 중요하지만 꽃의 크기도 그 분위기를 좌우합니다. 모란과 작약은 사촌 간이지만 그 느낌은 사뭇 다릅니다. 모란꽃은 크기가 양 손바닥을 합친 정도가 되니 푸짐하고 후덕한 느낌입니다. 원색의 꽃잎도 여러 장 겹쳐 있어 꽃이 화려하고 풍만한 느낌이지요. 반면에 작약은 크기가 작고 함초롬하여 모란보다는 다소 청초하고 가련한 느낌이 듭니다. 그래서 그런지 모란은 부귀영화를, 작약은 이별 또는 수줍음을 상징합니다. 꽃의 외형적 특징은 전체 분위기를 좌우하기 때문에, 그에 따라 각자가 좋아하는 꽃을 골라 기르게 되는 것이지요.

눈을 즐겁게 하는 아름다움 외에도 그 식물이 가진 생리·생태적 특징이나 상징성 때문에 기르기도 합니다. 예를 들면 한겨울에도 꽃을 피워 지조를 상징하는 매화나 자손 번창을 뜻하는 석류나 포도, 학자를 상징하는 회화나무처럼 말이죠. 석류를 이야기할 때 빼놓을 수 없는 분이 정조 임금입니다. 성군(聖君)이 대개 꽃과 나무를 즐겨 찾지 않았듯이 정조도 꽃이나 나무를 완상하는 것에 별 관심이 없었습니다. 그러나 석류만큼은 아주 좋아한다고 했는데 이유가 이렇습니다.

내가 화훼에 대해서 특별히 아끼거나 좋아함이 없는데, 오직 석류만큼은 잎이 나면서부터 꽃이 피고 열매를 맺고 성숙하기까지, 그 절후의 이름과 늦음이 화곡(禾穀)*과 낱낱이 서로 부합하므로, 내가 아주 좋아하여 정제(庭除)** 사이에 항상 몇 그루를 남겨놓았다.***

정조 임금은 주로 궁궐 내에 있다 보니 농사일을 직접 살필 기회가 많지 않았을 것입니다. 그런데 석류의 자람이 곡식의 자람과 일치하여 궁궐 안에서도 농사의 진척 상황을 알 수 있었던 것이죠. 정조에게는 석류가 농사의 일정을 알려주는 일종의 '지표식물'이었던 셈입니다. 백성들은 씨가 많은 석류를 자손 번창의 의미로 심었지만, 정조는 백성들을 위한 마음으로 석류를 바라보았던 것입니다. 이는 정조의 애민 사상을 간접적으로 보여주는 대목이지요.

그 외에도 식물에서 위로와 치유를 얻습니다. 이는 가장 보편적이고 고전적인 식물의 정서적 기능입니다. 그저 꽃을 바라보기만 해도 마음이 밝아지고 평온해지며 안정을 찾기도 합니다. 또 식물에서 발산되는 여러 물질은 심신의 피로를 풀어주기도 하니까요.

최근에는 또 다른 이유로 식물을 키우기도 합니다. 파키라, 백량금, 멕시코소철 등처럼 식물에 미세먼지 정화기능이 있다고 알려지면서 '살아 있는 공기청정기' 역할을 하는 식물들이 인기입니다. 기존의 꽃 기르는 이유와는 다른 새로운 실용적 목적입니다. 눈을 즐겁게 하는 것보다 몸 건강을 지키는 것이 우선이겠지요. 특별히 아름답게 느끼지 않더라도 미세먼지 감소에 도움이 된다면 무엇인들 못하겠습니까. 미세먼지가 불러온 새로운 트렌드입니다.

대개 이 정도가 일반적으로 식물을 기르는 이유일 겁니다. 마당과 방

---

* 벼, 보리, 조 등의 곡식류를 말합니다.
** 섬돌 아래의 뜰이나 마당을 의미합니다.
*** 『홍제전서』 권176 「일득록 훈어(日得錄 訓語)」에 나오는 내용입니다.

안에 화초 몇 종류를 한 식구로 삼은 저도 딱 여기까지입니다.

그런데 그것을 넘어 식물을 키우면서 사물의 이치와 더 나아가 마음의 이치까지 깨닫는 경지에 오르면 꽃 기르기가 일상의 취미가 아니라 삶의 철학으로까지 확장됩니다. 이를 실천한 인물이 바로 조선 세종 때 학자 강희안(姜希顔, 1417~1464)이었습니다. 그는 예로부터 사람들이 즐겨 찾던 꽃과 나무에 관한 원예서 『양화소록(養花小錄)』****을 저술하였습니다. 이 책에서 그는 꽃을 기르는 이유를 다음과 같이 설명합니다.

> 내가 천지 사이에 가득한 만물을 보니, 수없이 많으면서도 서로 연관되어 있으며 오묘하게도 모두 제 나름대로 이치가 있다. 이치를 진실로 연구하지 않는다면 앎에 이르지 못한다. 비록 풀 한 포기 나무 한 그루의 작은 것이라도 각각 그 이치를 탐구하여 그 근원으로 돌아가면 그 지식이 두루 미치지 않음이 없고 마음을 꿰뚫지 못하는 것이 없으니, 나의 마음은 자연스럽게 사물과 분리되지 않고 만물의 겉모습에 구애받지 않게 된다.

그는 또 "사물을 살필 때는 자신을 돌아보고(觀物省身, 관물성신) 지식이 완전해진 다음에야 뜻이 성실해진다(知至意誠, 지지의성)"라는 『대학

****『양화소록』은 조선 초기 학자 강희안이 지은 원예서로 중국의 원예 관련 문헌과 조선의 원예 지식을 집대성한 원예의 고전입니다. 이 책에는 노송, 만년송, 오반죽, 국화, 매화, 난초와 혜초, 서향화, 연꽃, 석류꽃, 치자꽃, 사계화, 월계화, 산다화, 자미화, 일본철쭉, 귤, 석창포 등의 식물과 괴석에 대한 내용이 설명되어 있습니다. 그 외에도 화분에서 꽃나무를 키우는 법, 분 나누는 법 등도 수록되어 있습니다.

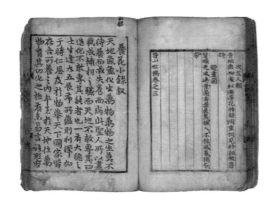

(大學)』의 구절을 인용하며 강조했으니, 결국 그가 꽃과 나무를 눈여겨
보면서 궁구한 목적은 자신의 성찰과 완성이었습니다.

꽃을 자식처럼 정성스럽게 아끼며 키우는 분들이 많다 보니 꽃 기르
기(養花, 양화)와 아이 기르기(養育, 양육)를 비교하여 설명하기도 합니다.
관심과 정성을 받는 만큼 무럭무럭 자라는 식물은 우리의 아이들 같습
니다.

마침 세계 최대 소셜미디어인 페이스북이 2020년에 세계적으로 유
행할 주요 트렌드 중 하나로 '식물 부모(plant parents)'를 선정하였습니
다. '식물 부모'란 자녀를 돌보듯 식물을 재배하는 사람을 의미하는 말로
2020년에 많이 늘어날 것으로 전망했습니다.

아이들이 튼튼하게 자라기 위해서는 부모님의 따뜻한 사랑과 정성 가
득한 음식, 그리고 적절한 훈육이 꼭 필요합니다. 식물의 생육에도 햇빛
과 물, 온도가 필수적인 요소인데, 그에 따른 식물의 제각각 특성을 파악
하는 것이 중요합니다. 햇볕을 좋아하는 것이 있는가 하면, 응달을 찾는
것도 있고 물을 선호하는 것이 있는가 하면 건조한 곳을 즐겨 찾는 것도

있습니다. 추위에 강한지 따뜻한 곳을 좋아하는지 등등 각각의 식물이
제 특성대로 싫고 좋음이 분명합니다. 아이들도 제각각 특성이 있어 그
것을 찾아내고 계발하는 것이 부모의 책무일 것입니다. 참된 교육이란
기존의 사고와 가치를 주입하는 것이 아니라 아이라는 씨앗 속에 숨겨
진 '원기(原基)'가 자연스럽게 바깥으로 피어나도록 일깨워주는 일이 아
닐까요.

　하지만 무엇보다도 유념해야 할 것은 때를 잘 맞추는 것이겠지요. 초
목이 자라고 꽃을 피우기 위해서는 제때 내리는 적당한 비와 따스한 햇
볕, 그리고 살랑이는 바람이 서로 제 역할을 할 때만 가능한 것이지요.
아이들 교육도 마찬가지입니다. 이를 맹자도 말씀하였습니다.

군자가 사람을 가르치는 방법에는 다섯 가지가 있다(君子之所以教者五 군자지소이교자오). 때맞춰 내리는 단비처럼 자연스럽게 교화하는 방법이 있고(有如時雨化之者 유여시우화지자), 덕을 갖추도록 가르치는 방법이 있고(有成德者 유성덕자), 숨은 재능을 발현하도록 가르치는 방법이 있고(有達財者 유달재자), 질문에 답하는 방식으로 가르치는 방법이 있고(有答問者 유답문자), 군자가 직접 만나서 가르칠 수는 없더라도 군자의 인격이나 가르침에 스스로 감화되도록 하는 방법이 있다(有私淑艾者 유사숙애자). 이 다섯 가지가 군자가 사람을 가르치는 방법이다(此五者 君子之所以教也 차오자 군자지소이교아).

맹자의 가르침 첫 번째가 제때 맞춰 자연스럽게 교육하는 것입니다. 교육도 '제때'가 중요하다는 것은 '밥상머리 교육'이라는 말에서도 알 수 있습니다. 품성과 예절은 어렸을 때 다스려야 한다는 것이죠. 『명심보감(明心寶鑑)』의 「입교」편에는 다음과 같은 공자의 세 가지 계획(三計圖 삼계도)이 나옵니다. 공자는 "일생의 계획은 어릴 때에 있고(一生之計在於幼 일생지계재어유), 1년의 계획은 봄에 있으며(一年之計在於春 일년지계재어춘), 하루의 계획은 새벽에 있다(一日之計在於寅 일일지계재어인). 그러므로 어려서부터 배우지 않으면 늙어서 아는 것이 없다(幼而不學 老無所知 유이불학 노무소지)"라는 말로 어렸을 때의 교육이 얼마나 중요한지를 강조하였습니다.

식물도 어렸을 때의 자람이 평생을 갑니다. 떡잎은 다양한 영양분을 저장하고 있어 식물 생존에 중요한 역할을 합니다. 처음에 나온 떡잎이 얼마나 튼튼한가에 따라 앞으로의 생장이 달려 있으니, "될성부른 나무는 떡잎부터 알아본다"라는 속담도 그래서 나온 것이겠지요.

기다림도 중요한 덕목입니다. 아무리 식물을 재촉한다 해도 때가 되어야 꽃이 피고 열매가 맺히는 것이니까요. 부모의 조급한 마음을 알 턱 없이 천방지축으로 내달리던 아이들도 어느 순간 언제 그랬냐는 듯이 제자리를 찾아갑니다. 조선 후기의 학자 윤기(尹愭, 1741~1826)는 공자와 맹자의 말씀을 빌려 다음과 같이 당부합니다. "빨리 이루려는 생각을 하지 말고(無懷欲速之念 무회욕속지념), 또 억지로 하지 말고 순리대로 자라게 하라(無犯助長之戒 무범조장지계). 반드시 힘써 노력하되 미리 기대하지도 말고, 잊어버리지도 말아야 한다(必有事焉而勿正勿忘 필유사언이물정물망)."*

아이를 키워본 부모들은 이 말씀에 공감하시리라 생각합니다. 꽃 기르는 것도 다르지 않겠지요. 꽃과 열매를 빨리 보고 싶은 나머지 비료를 잔뜩 부어 키울 수 없는 노릇입니다. 때가 되면 꽃이 피고 열매를 맺을 테니 진득하게 기다리는 수밖에 없습니다.

결코 쉬운 일이 아닌 꽃 기르기와 아이 기르기. 그러나 그보다 더 어려운 것은 '마음 기르기(養心 양심)'가 아닐까요? 제게는 아직도 풀지 못한 난제입니다.

---

* 윤기의 저서 『무명자집(無名子集)』, 「교소아(敎小兒)」에 나오는 내용입니다.

지나침은 부족함만 못하느니

過猶不及

과유불급

요즘은 아침에 일어나자마자 가장 먼저 하는 일이 미세먼지 예보를 확인하는 것입니다. 언제부턴가 미세먼지가 많은 이들의 주요 관심사가 되었습니다. 2019년 서울에서만 초미세먼지 주의보가 열네 번이나 발령되고 초미세먼지 경보도 두 번이나 발령되었다고 하니 고농도 미세먼지가 도시를 뒤덮고 있는 듯합니다. 미세먼지가 심한 날에는 방 안에 갇혀 있다시피 합니다. 특히 어린아이가 있는 집에서는 보통 문제가 아닐 수 없지요.

최근 심해진 미세먼지는 새로운 환경문제로 대두되고 있습니다. 예상치 못한 환경문제로 골머리를 앓고 있는 정부가 각종 대책을 쏟아내지만 해결이 쉽지 않습니다. 그 덕분에 식물의 역할과 기능이 새롭게 재

최근 각광을 받고 있는 반려식물들.

조명되고 있습니다. 요즘에는 반려식물 가꾸기 같은 홈가드닝 분야에 대한 관심이 급증하고 있는데, 특히 미세먼지를 감소시키는 식물들이 각종 매체에 등장하며 몸값을 올리고 있습니다. 평소 식물에 관심이 없던 사람도 이참에 집 안에서 식물을 키워볼까 하고 생각합니다. 반려동물이든 반려식물이든 생명체를 기르는 행위는 많은 정성과 시간이 들어갑니다. 식물과 말을 주고받을 정도는 못 되더라도 최소한 죽이거나 병들게는 하지 말아야 하지만, 그게 어디 쉬운 일인가요.

밥만 열심히 주는 것이 반려동물을 사랑하는 것이 아니듯이, 식물 기르기를 단순히 '물 주기'로만 착각하는 경우도 종종 있습니다. 그러다 보니 시도 때도 없이 물을 주고, 또 그 양이 과하게 되면 식물은 십중팔구 죽습니다. 특히 화분의 화초들은 더욱 그렇지요. 화분에 심어 키우는 식물은 대부분 물이 부족해 죽는 경우보다 너무 자주 또는 많이 주어서 죽는 경우가 더 흔합니다. 마당에 심긴 화초에는 불필요한 물이 다른 곳으로 스며들기라도 하지만, 화분에 심긴 식물은 주인의 과한 사랑 때문에 꼼짝없이 물속에 잠겨 있어야 하는 셈이니까요. '수생식물'로 착각하지 않는 이상, 과도한 물 주기는 피해야 합니다.

지나친 사랑과 관심이 힘들기는 동물에게도 마찬가지인 듯합니다. 예전에 집에서 강아지를 키운 적이 있었습니다. 아들의 성화와 평소 개를 좋아했던 제가 작당하여 아내의 반대를 무릅쓰고 함께 살게 되었습니다. 푸들 종이어서 매우 영리하고 귀여운 녀석이었지요. 강아지를 대하는 태도는 우리 세 식구가 각기 달랐습니다. 아들 녀석은 밥을 주거나 함께 산책하러 다니지도 않으면서 짓궂은 장난만 치고 귀찮게 굴었습니다. 늘 밥을 챙겨주는 사람은 나 혼자였습니다. 때로는 과할 정도로 관심과 사랑을 쏟았지요. 그러나 잘못된 일에는 혼을 내기도 했습니다. 사랑과 훈육을 병행하자는 내 나름의 취지였습니다. 원래 동물에는 별 관심이 없었던 아내는 강아지를 특별히 챙기거나 귀찮게 하지도 않았습니다. 그저 소 닭 보듯 대했지요. 그러나 온 가족이 산책하러 나가 보면 강아지가 좋아하는 서열이 그대로 드러났습니다. 평소 제가 밥을 잘 챙겨주었으니 강아지가 저를 제일 잘 따를 줄 알았지요. 하지만 강아지는 줄곧 아내만 졸졸 따라다녔습니다. 내가 줄을 잡아끌어도 기를 쓰고 아내 쪽으로 달려갔습니다. 강아지의 식사를 책임졌던 나로서는 내심 섭섭했지만, 강아지의 선택을 뭐라 할 수 없는 노릇이었지요. 밥이 엄격한 훈육에 묻혀버렸던 것입니다. 강아지에겐 아내의 무심함이 오히려 좋고 편했던 모양입니다. 거짓 찬사나 친화를 모르던 강아지를 통해 다시 한 번 깨달았습니다. 내 방식대로의 사랑만이 최선이 아니라는 것을.

시골 마을에 가면 마을의 입구나 중앙에 커다란 나무가 터를 잡고 있는 것을 흔히 볼 수 있습니다. 대부분 나이가 많고 우람한 덩치를 자랑하는 노거수(老巨樹)입니다. 사람으로 치자면 풍채 좋은 어르신이라 할 수 있지요. 중요한 일을 기념하고자 심은 명목(名木), 마을의 안녕을 위해 제사를 지내던 당산목(堂山木), 마을 가까이 자라며 주민에게 휴식이나 녹음을 제공하는 정자목(亭子木)이 모두 노거수에 속합니다. 대도시에서도 노거수를 종종 만날 수 있습니다. 서울 시내 한복판에서도 찾아볼 수 있는데, 오랫동안 관리되어온 궁궐의 나무들도 그중 하나입니다. 그 외에 명륜동 성균관대학교 내의 대성전과 명륜당 앞의 은행나무, 중구 조계사 앞뜰의 백송과 회화나무, 정독도서관 앞의 회화나무 등 많습니다.

이런 나무들은 한곳에서 뿌리를 내리고 오랜 세월을 살아왔으므로 자연스레 주민들과 희로애락을 함께하며 공동체적인 운명을 지니고 있습니다. 그러다 보니 그 지역의 역사와 민속 등과 얽힌 내력이 적잖거니와,

안동 하회마을의 정서적 구심점이 되고 있는 느티나무 당산목. (사진 제공 이동혁)

지역 사람들의 정서적 구심점 역할을 하기 마련이지요. 이것은 노거수의 성격을 단적으로 보여주는데, 바로 '사람들과의 관계 맺음'일 것입니다. 노거수는 마을 주민뿐 아니라 외지의 사람에게도 사랑과 관심을 많이 받고 있는데, 특히 마을을 대표하는 보호수나 천연기념물은 더욱 그렇지요. 그러나 나무를 보호하려는 사람들의 관심이나 정성이 지나쳐 도를 넘을 때가 많습니다.

대표적인 예로는 노거수 주변을 깨끗이 정비하려다가 의도치 않게 나무를 상하게 하는 안타까운 일인데요. 비록 예전에 행해졌던 일이지만, 시골의 마을에는 노거수 주변을 시멘트로 바르거나 석축으로 깨끗하게 정리해놓은 것을 가끔 볼 수 있습니다. 마을 주민들은 예우를 갖추기 위해 나무 주변을 깨끗이 정리하고 거창한 석축을 쌓거나 뿌리 주변에 흙을 붓고 자갈을 까는 등 최대한의 지극 정성으로 노거수 주변을 단장합니다. 심지어 노거수 아래에 약 1m가량 흙을 덮어 주변을 평평하게 고르는 작업을 하거나 뿌리 주변을 아예 시멘트로 발라 방바닥처럼 만들기도 했지요. 다행히 지금은 이런 일은 거의 없습니다.

뿌리 주변에 10cm 이상의 흙을 덮으면 잔뿌리의 호흡을 방해하여 나무의 생육에 지장을 초래할 뿐 아니라, 뿌리가 썩고 땅에 묻힌 줄기 부분도 수분 접촉이 많아져 부패하기 쉽습니다. 뿌리 주변에 흙을 덮어 발생하는 복토(覆土)의 피해는 금방 나타나는 경우도 있지만, 길게는 수십 년 뒤에 나타나기도 합니다. 주민들의 지극 정성이 때로는 나무의 숨통을 조이는 일일 수 있으니 조심해야 합니다. 현재 잘 자라고 있는 노거수에는 지금까지의 주변 환경이 생육에 적합하다는 뜻이겠지요. 노거수 주

지극한 사랑이 때로는 나무를 죽이는 일임을 명심해야 합니다. 느티나무 뿌리 주변을 시멘트로 깨끗하게 단장해놓았지만 복토로 인한 뿌리 호흡 곤란으로 점차 수세가 약해집니다. (사진 제공 이동혁)

변에 새롭게 복토 작업을 하거나 석축을 쌓아 보기 좋게 정리하는 것은 오로지 사람의 눈을 즐겁게 하는 일일 뿐 노거수엔 치명적인 일입니다.

　이뿐만이 아닙니다. 관심과 애정이 과하여 나무를 해치는 사례는 또 있습니다.

　각종 질병에 시달리는 사람들처럼 나무들도 병충해에 시달립니다. 우리가 영양제를 먹거나 예방주사를 맞듯이 나무에도 영양제인 비료를 뿌리거나 병충해 예방 주사를 놓기도 합니다. 이때 비료나 농약의 양이 과하면 오히려 나무에 피해를 줍니다. 나무를 살리고자 애쓴 행위가 나무를 죽게 한다면 그런 낭패가 없지요. 약제의 과다복용이 부른 일종의 의료 사고인 셈입니다. 병충해나 각종 질병에 쇠약해진 나무에 주사하는 수간 주사는 규모나 활력도에 따라 적정한 양을 주사하게 되는데, 빠른 회복을 위해 과도한 약제를 살포하거나 주사할 경우에는 약이 아니라 독이 되기도 하지요. 이것을 약해(藥害), 즉 약이 독이 된 경우라고 합니다.

자식에 대한 사랑도 매한가지여서, 자녀를 위한 교육이나 보호도 과할 때가 많습니다. 아이들이 스스로 해야 할 일까지 부모가 발 벗고 나서 해결해주며 사소한 것까지 통제하고 조종하는 부모들이 늘고 있습니다. 헬리콥터 부모의 과잉보호와 과잉교육은 자녀들에게 개성과 창의력뿐 아니라 자생력마저 빼앗는 일입니다. 외국도 예외는 아니어서 헬리콥터 부모의 극성이 도를 넘습니다. 심지어 자식의 대학 생활과 학점뿐 아니라 졸업 후 직장 상사와의 관계나 경력 관리까지 영향력을 행사하려 한다는군요. 비슷한 표현으로 컬링 부모(curling parents)라는 말도 있는데, 컬링 스톤이 잘 미끄러지도록 부모가 앞에서 모든 장애물을 제거해주는 모습에서 유래한 표현이랍니다. 이쯤 되면 치맛바람은 광풍(狂風)이 아닐 수 없습니다.

"사랑하여 가르친다는 것이 도리어 해치고 망가뜨리는 방법이 된다(其所以愛而教之者 反爲賊害之術 기소이애이교지자 반위적해지술)"는 윤기(尹愭)의 말씀이 가슴에 와닿습니다. 너무 과한 사랑이나 관심, 또는 엄격한 훈육보다 때로는 무관심이 더욱 힘을 발휘할 수 있습니다. 다소 쿨하게 대해야 그 사랑이 더욱 절실해지는 법이지요.

과유불급(過猶不及)이라! 지나친 관심과 사랑은 오히려 무관심만 못하니 사람이나 나무나 별반 다를 바 없습니다.

조상은 뿌리요,
자손은 그 열매라

根固枝榮

근고지영

　전해오는 속담과 사자성어에는 옛사람들이 자연물과 자연현상을 눈여겨 살펴본 놀라운 관찰력과 깊은 성찰, 그리고 절묘한 비유가 담겨 있습니다. '뿌리가 튼튼해야 가지가 무성하다'라는 뜻의 근고지영(根固枝榮)이라는 사자성어도 그렇습니다.

　사물의 본질이나 바탕, 기원이나 중심을 이야기할 때, 근본(根本) 또는 근원(根源)으로 설명합니다. 모두 뿌리 근(根) 자를 사용하는 것을 보면 뿌리가 얼마나 중요한 의미인지 알 수 있지요. 반면에 중요치 않고 부차적인 것은 가지와 잎으로 빗대어 지엽(枝葉)이라고 합니다. 그러니 뿌리는 식물의 근본이요 근원입니다.

조선 중기의 학자였던 이수광(李睟光, 1563~1628)은 뿌리의 중요성을 소옹(邵雍, 1011~1077)＊의 글을 인용하며 다음과 같이 설명합니다. "동물은 머리부터 나오고, 식물은 뿌리부터 난다. 머리부터 나오는 자는 그 목숨이 머리에 있고, 뿌리부터 나오는 자는 그 목숨이 뿌리에 있다." 그렇습니다. 식물은 가지가 부러지거나 줄기가 베어져도 죽지 않지만, 뿌리가 상하거나 잘려 나가면 죽고 마는 법이니까요. 근본이 망하면 지엽도 따라 망합니다. 뿌리의 생사가 식물 전체에 절대적인 영향을 끼칩니다. 그러니 뿌리 없는 식물은 있을 수 없겠지요.＊＊

어디 식물에만 뿌리가 중요하겠습니까.

"불휘 기픈 남ᄀᆞᆫ ᄇᆞᄅᆞ매 아니 뮐씨 곶 됴코 여름 하ᄂᆞ니(뿌리 깊은 나무는 바람에도 흔들리지 않기에, 그 꽃이 아름답고 그 열매 성하도다)." 누구나 한 번쯤 들어본 글귀일 것입니다. 조선 세종 때 정인지를 비롯한 신하들이 세종의 선대 여섯 분의 행적을 노래한 〈용비어천가〉에 등장하는 구절이지요. 사람의 근본을 이야기할 때 곧잘 뿌리에 비유하곤 합니다. 비슷한 예는 또 있습니다. 태조 이성계의 아버지 이자춘의 묘비명에는 이씨 왕조의 무궁한 번성을 칭송하면서 "신령한 오얏나무＊＊＊"는 근본이 튼튼

＊ 소옹은 중국 송나라 때 유학자로 주역(周易)과 상수학(象數學)에 정통했다고 합니다.

＊＊ 뿌리 없는 식물로 알려진 틸란드시아(Tillandsia) 속의 식물들은 체계적인 뿌리 기능은 없지만, 뿌리의 형태를 가진 조직이 다른 물체를 지탱하여 틸란드시아가 자랄 수 있도록 하는 보조 기능을 한다고 알려져 있습니다.

＊＊＊ 전주 이씨(李氏)가 세운 조선 왕조는 오얏나무 이씨(李), 즉 전주 이씨 왕족을 나타냅니다. 오얏나무는 자두나무라고도 합니다. 창덕궁 인정전 용마루에는 조선 왕조를 상징하는 자두꽃 문양의 장식이 박혀 있습니다.

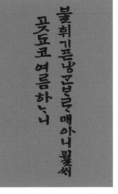

불휘 기픈…… 하느니. 우리 모두 조상의 음덕으로 살아갑니다. (글씨 제공 용헌 이윤용)

하고 뿌리가 깊다(於皇仙李 本固根深 어황선이 본고근심)"라는 글귀가 나옵니다.**** 오얏 이씨에 그 뿌리를 둔 조선 왕조가 대대손손 번영해나가기를 희망하고 있다는 뜻이겠지요.

사람의 근본을 중시하는 것은 서양도 마찬가지여서, 우리의 족보와도 같은 집안의 가계도를 곧잘 볼 수 있습니다. 가계도를 영어로는 'family tree', 독일어로는 'Stammbaum',***** 프랑스어로는 'arbre généalogique', 스페인어로는 'árbol genealógico'로 모두 '나무'라는 단어가 들어가 있지요. 그래서 그런지 가계도는 흔히 나무 형상으로 표현합니다. 나무의 맨 아래 뿌리부분에는 그 집안의 시조가 그려져 있는데, 하나의 뿌리에서 시작하여 얼마나 많은 자손으로 번성하였는가를 잘 보여줍니다.

**** 『태조실록』 2년 9월 18일에 나오는 글입니다.
***** 독일어로 가계도를 'Ahnentafel'이라고도 합니다.

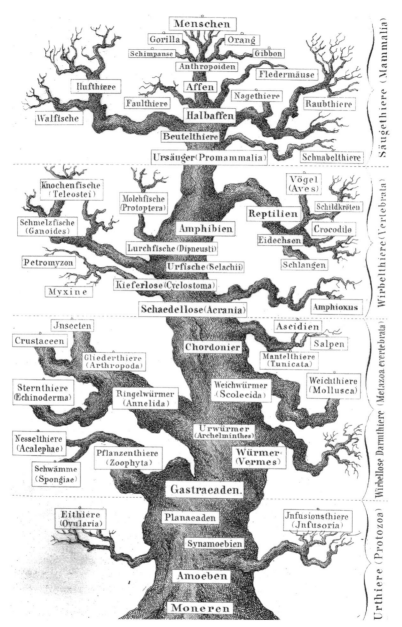

'생태학(ecology, Oekologie)'이라는 용어를 처음으로 제창한 독일의 생물학자 헤켈의 생물계통수. 마치 커다
란 노거수의 형태로 표현했습니다. 원핵생물계(Moneren)는 맨 아래에, 인간(Menschen)은 맨 위에 그려져
있습니다.

　생물의 진화과정을 표현하는 '계통수(系統樹, phylogenetic tree)'라는
것도 이와 흡사한 모양입니다. 나무줄기와 가지 형상으로 표현되어 그
런 이름이 붙었는데, 계통수의 가장 아랫부분은 나무의 뿌리에 해당합
니다. 모든 생물의 근원이 되는 생물체가 가장 아랫부분을 차지하고 있
지요. 이 계통수의 모습을 아래와 위를 서로 바꿔놓으면, 마치 뿌리가 땅
속으로 뻗어나가는 형상이 되기도 합니다.

　뿌리는 이처럼 상징적으로나 물리적으로도 중요합니다. 작은 씨앗이
땅에 떨어지면, 가장 먼저 뿌리가 자라고 다음에 줄기와 잎이 나옵니다.

'떡잎부터 알아본다'는 말도 뿌리가 나오고 나서 이야기지요.

뿌리는 적당한 물과 풍부한 영양분을 찾아 끊임없이 사방으로 뻗어나 갑니다. 잎에서는 햇빛의 도움을 받아 뿌리에서 올라온 물과 공기 중의 이산화탄소를 원료로 당류를 만들어내고 그 일부는 다시 뿌리로 보내집 니다. 흙 속에 사는 미생물은 이 당류를 얻기 위해 뿌리 끝으로 모여들고 미생물은 무기영양분을 뿌리에 전달해줍니다. 이처럼 땅속에서도 끊임 없이 순환하는 소우주의 세계가 존재하고 있습니다.

모든 식물에는 뿌리가 있지만, 아주 오래전 지구상에 식물이 처음 발 생했을 때는 뿌리가 없었다고 합니다. 잎도 아직 발생하지 않고 지금의 줄기에 해당하는 부분이 늪 가장자리에 자리를 잡고 살았답니다. 최초 의 육상식물이 탄생한 것이지요. 그러다가 주변의 다른 식물들과의 햇 빛 경쟁에서 이기기 위해 줄기를 위로 뻗고 그 줄기를 지탱하기 위해 뿌 리라는 조직이 생겼습니다. 식물 전체를 지탱하는 지지 기능이 뿌리의 가장 중요한 기능인 것도 그런 이유입니다.

뿌리는 식물을 지탱할 뿐 아니라 스스로 숨을 쉬는 호흡 기능도 있습 니다. 뿌리가 호흡하는 양은 식물 전체 호흡량의 약 10%에 못 미치지만, 뿌리 호흡이 뿌리의 생존 여부를 좌우하고 나아가 식물 전체의 생존과 직결되므로 매우 중요합니다. 뿌리의 성장은 땅 위의 가지나 줄기, 잎에 절대적인 영향을 미칩니다.

뿌리 주변에 흙을 과하게 덮어 뿌리가 제대로 호흡하지 못하면 잎이 시들고 조기에 낙엽 현상이 발생하며, 가지가 말라 죽습니다. 이런 현상 은 나무의 윗부분에서 시작되어 나중에는 전체로 퍼져 결국 나무가 죽

뿌리 주변에 복토와 석축을 조성한 결과, 잔뿌리들이 숨을 쉬기 위해 지표면 가까이까지 위로 올라와 자란 모습. (사진 제공 이동혁)

기도 하는데, 보도블록이 깔린 보행로나 도로의 아스팔트 주변에서도 흔히 볼 수 있습니다.

뿌리 주변이 아스팔트나 보도블록으로 덮여 있으면 뿌리의 호흡이 곤란할 뿐 아니라, 수분 침투도 어렵습니다. 어떤 곳에서는 뿌리 주변을 아예 포장해버려 나무가 크는 동안 산소 공급과 수분 침투가 거의 불가능할 지경인 곳도 있지요. 뿌리에는 수분과 영양분도 중요하지만, 토양 속의 산소도 뿌리 발달과 밀접한 관계가 있습니다. 토양 속의 산소 농도에 따라 뿌리의 발근량이 달라지는데, 산소의 농도가 높아지면 뿌리 발달이 촉진되고 산소가 부족하면 발근이 어렵게 되지요. 그러니 뿌리 주변의 지표면을 불투수성 재료로 포장하면 나무가 숨을 못 쉬고, 그 결과 뿌리는 산소 부족으로 죽고 나무는 서서히 고사합니다.

도심의 가로수는 또 다른 피해에도 노출되어 있습니다. 최근에는 길거리에서 음식물을 먹는 사례가 늘어 가로수의 뿌리 주변이 일회용 용기와 음식물 찌꺼기로 뒤덮여 마치 쓰레기통을 연상시킵니다. 각종 음식

도심 한복판 느티나무 가로수. 거의 전봇대마냥 꼽혀 있는 듯합니다. 아예 뿌리 주변을 포장재로 덮어버려 수분 침투가 되지 않을뿐더러 뿌리 호흡도 곤란합니다.

물 찌꺼기가 뿌리 쪽으로 모여 나무의 생육환경이 최악이라 할 수 있지요. 이런 가로수들의 줄기와 가지, 잎은 생육이 왕성하지 못합니다. 우리의 무관심과 부주의가 도심 가로수의 생활을 더욱 어렵게 합니다. 땅 위의 가지와 줄기, 잎을 살펴보면 땅속에서 자라는 뿌리의 크기와 상태를 알 수 있습니다. 그러므로 수관은 곧 뿌리의 거울이지요.

뿌리가 중요하다 보니, 옛날에는 식물 뿌리로 농사점을 치기도 했습니다. 이른 봄, 땅에서 깨어난 생명이 한 해를 어찌 살지에 대해 뿌리로 예측했습니다. 예컨대 입춘에는 보리의 뿌리 생장 상태를 보고 그해의 수확을 점치는 '보리뿌리점'이라는 풍습이 있었습니다. 『열양세시기』에는 '맥근점(麥根占)'으로 기록되어 있는데, 보리 뿌리가 세 가닥 이상이면 풍년, 두 가닥이면 평년, 한 가닥이면 흉년이 든다고 한다는군요. 즉 뿌리가 풍성하면 그해 농사가 잘된다는 믿음을 가졌던 것이지요. 조상의 행실에서 자식의 미래를 점치는 심상과도 닮아 있습니다.

줄기와 잎, 꽃과 열매가 무성한 것은 땅속의 뿌리 덕분임을 잊지 말아야 합니다. 그런데 뿌리는 땅속에 묻혀 있어 보이지 않고 소홀히 하기 십상이지요. 나무 전체가 잘 자라기 위해서는 뿌리의 역할이 절대적이므로 항상 신경 써야 합니다. 뿌리는 마치 보이지 않는 곳에서도 끊임없이 자식을 위해 희생하는 부모를 닮았습니다.

옛날 제가 살던 시골 마을에는 '꺼꾸리'라고 불리던 동네의 부랑인 아저씨가 있었습니다. 왜 그런 이름으로 불렸는지, 집이 어딘지, 그리고 어떤 과거를 가지고 우리 마을에 왔는지도 알 수 없었습니다. 초점 흐린 눈에 말은 어눌하고 행동거지도 느리며, 사계절 내내 남루하고 지저분한 검은 외투를 입고 동네에 나타났다가는 사라지는 아저씨였지요. 저는 그때 초등학교에 막 입학할 즈음이라서 천지분간을 못할 때라 친구들과 그 아저씨를 놀리기 일쑤였습니다. 어머니께서는 아저씨가 우리 집에 오면 매번 대청마루에 자리를 권하고 개다리소반에 소박하지만, 정성 담긴 점심상을 차려주셨습니다. 그는 점심 즈음에는 꼭 우리 집에 들러 말없이 음식을 다 드시고는 감사 인사도 없이 어디론가 떠났습니다. 어머니의 점심 대접은 그 후로도 오랫동안 계속되었지요. 지금 생각해보면 어머님께서 나누신 그때의 밥 한 숟갈이 지금 제게 다시 돌아와 제 가족을 먹여 살리는 것이 아닐까 생각해봅니다.

조상은 뿌리요 자손은 그 열매입니다. 결국 지금 우리의 행복도 조상의 음덕(蔭德)이 우리에게 미친 것이겠지요.

그리운 당신

愛別離苦

애별리고

벌써 20년째, 매주 월요일 아침이면 배낭을 메고 집을 나섭니다. 직장이 지방에 있다 보니 너댓새는 집을 떠나 있게 됩니다. 지인들은 부러워합니다. 전생에 무슨 공을 세웠냐고⋯⋯. 매일 얼굴을 맞대고 사는 것보다 훨씬 낫다고들 합니다. '지금은 맞고 그때는 틀리다.' 홍상수 감독이 저 대신 답합니다. 가족과 떨어져 보내는 시간은 홀가분하기도 하지만, 가끔은 그리운 것도 사실입니다. 예전에 배웠던 영어 속담이 틀리지 않습니다. 눈에서 멀어지면 마음도 멀어지는 법. 그나마 주말이면 가족을 다시 만날 수 있다는 설렘에 부랴부랴 버스에 오릅니다. 차창으로 아내의 반가운 얼굴과 아들의 환한 미소가 떠오릅니다.

한동안 기러기 아빠들이 TV와 신문에 자주 등장하던 때가 있었지요. 자식의 찬란한 미래를 위해 아내와 자식을 멀리 보내고 홀로 집에 남아 라면으로 끼니를 때우며 몇 년을 버티는 가장. 그 비장함에 가족이란 무엇인가를 되짚어보게 됩니다. 혼례상 위에 한자리를 차지하는 기러기는 한 번 부부의 연을 맺으면 평생을 함께한다고 알려져 있습니다. 둘 중에 한 마리가 먼저 죽으면 구슬피 울며 갈대밭을 서성인다고 하니, 그 애절함이 사람 못지않습니다. 항상 함께 있어야 하는 부부가 떨어져 그리움에 잠 못 이루어 기러기 아빠라고 부르게 된 것이랍니다. 동물도 헤어진 짝을 찾아 애타게 울부짖는데 하물며 사람이야 오죽하겠습니까. 가족끼리 멀리 떨어져 오랜 시간을 보낸다는 것은 가슴 아픈 일이죠. 특히 불가항력적인 상황 때문에 부부가 만날 수 없다면 더욱더 그렇습니다.

나무들도 그러할까요? 나무는 꽃가루받이를 통해 짝을 맺고 씨앗을 퍼트리지만, 스스로 배우자를 찾거나 정할 수 없어 누구와 부부의 연을 맺었는지 알 길이 없습니다. 정해진 배우자를 알 수 없으니 이별의 아픔도 덜하리라 생각됩니다. 나무는 그저 벌과 나비, 바람에 제 운명을 맡깁니다. 그러나 예외도 있습니다. 벌과 나비 대신 사람이 중매를 서기도 합니다.

충북 보은의 속리산 가는 길에 서 있는 정이품송이 그렇습니다. 일명 '연(輦) 걸이 소나무'로 알려진 정이품송은 역사적, 문화적 가치가 높아 천연기념물 제103호로 지정되었습니다. 1464년 세조가 법주사로 행차할 때 이 소나무 아래를 지나게 되었는데 임금의 가마에 소나무 가지가

구이경지(久而敬之),
부부의 인연.

부인을 둘씩이나 거느린 보은의 정이품송(천연기념물 제103호).

정이품송과 혼례를 치른
준경묘 소나무.

정이품송과 혼례소나무

산림청 임업연구원은 한국을 대표하는 소나무의 혈통보존을 위해 10여
년의 연구와 엄격한 심사를 통해 우리나라에서 가장 형질이 우수하고 아름다운
소나무를 찾았는데, 이 소나무가 선발되었다.
나이 95살·키 32m·가슴높이 둘레 2.1m인 이 소나무는 충북 보은군
내속리산 상판리에 있는 천연기념물 제103호 정이품송(正二品松)을 신랑으로
맞아 2001년 5월 8일 신순우(申洵雨) 산림청장이 주례를 맡고 김종철(金鍾轍)
보은군수가 신랑(신랑역:삼산초등학교 6학년 이상훈) 혼주, 김일동(金日東)
삼척시장이 신부(신부역:삼척초등학교 6학년 노신영) 혼주로 참석하여 이곳
준경묘역에서 많은 하객들을 모시고 세계최초의 "소나무 전통혼례식"을
가짐으로서 한국 기네스북에 올랐으며, 이 행사를 계기로 삼척시와 보은군은
사돈관계의 인연을 맺게 되었다.

준경묘 소나무 앞에 세워진
기념 팻말.

걸리자 가지가 스스로 올라가 어가가 무사히 통과했다는 전설이 깃들어 있습니다. 이를 기리기 위해 세조가 정이품의 벼슬을 내렸다고 전해지며 이후 그것이 곧 이 소나무를 가리키는 고유명사가 되었지요.

세조를 알현한 정이품송은 나라가 인정한 어엿한 부인이 있습니다. 정이품송과 부부의 인연을 맺은 소나무는 둘씩이나 되는데, 첫째 부인은 외속리면 서원리의 정부인송*이라 부르는 소나무입니다. 이 정부인송은 정이품송과는 약 5km 떨어져 있습니다. 나이도 정이품송과 비슷한 600년으로 추정되는 정부인송은 가지가 옆으로 퍼져 마치 우산이나 치마를 펼친 듯한 모습입니다. 또 다른 부인은 강원도 삼척시 준경묘** 입구에서 자라는 소나무입니다. 산림청이 오랜 기간 동안 전국의 소나무를 조사한 끝에 가장 형질이 우수한 소나무로 선정한 것인데, 나이는 약 110년, 키는 30m가 넘는 늘씬한 소나무입니다.

정이품송의 나이가 600세가 넘어가자 혈통 보존을 위해 사람들이 발 벗고 나섰습니다. 2001년 산림청이 주관하여 정이품송이 신랑이 되고 준경묘의 소나무가 신부가 되어 삼척 준경묘에서 혼례식이 거행되었습니다. 또 정이품송의 송홧가루를 이 소나무의 암꽃에 수분하는 의식도 치렀습니다. 이 행사를 계기로 준경묘의 소나무가 있는 삼척시와 정이품송이 자라는 보은군은 서로 사돈 관계를 맺었다는군요. 나무 혼례식도 드물지만, 나무가 인연이 되어 지자체끼리 사돈 관계를 맺는 경우가

---

* 정부인(貞夫人)이란 조선시대 정이품이나 종이품의 아내에게 주던 벼슬입니다. 정부인송은 천연 기념물 제352호로 지정되어 있습니다.

** 조선 태조 이성계의 5대조 양무장군의 묘로 삼척시 미로면 활기리에 있습니다.

어디 흔하겠습니까. 아마 이런 사례는 세계적으로도 희귀하리라 생각합
니다.

한편 가까이에 있는 정부인송을 마다하고 멀리 삼척의 소나무와 혼례
식을 거행하여 말들이 많아지자, 그다음 해인 2002년에는 정이품송에
서 채취한 송홧가루를 정부인송의 암꽃에 묻혀 인공수분을 시행하였습
니다. 이렇게 태어난 정이품송의 자식 나무들은 현재 보은군에서 관리
생산하고 있는데, 얼마 전에는 정이품송의 후계목을 판매한다는 소식에
많은 이들의 관심이 쏠렸다는군요. 정이품송 자식 나무들은 대전의 문

화재청 천연기념물센터 앞마당에도 자랍니다.

　사실 소나무는 은행나무처럼 암나무와 수나무가 따로 있는 게 아니라, 한 그루의 나무에 암꽃, 수꽃이 같이 피는 암수한그루(雌雄同株 자웅동주) 입니다. 그러므로 같은 나무의 암꽃과 수꽃에 의해 수분이 이루어질 가 능성도 있지요. 그렇지만 정이품이라는 큰 벼슬까지 한 양반 체면에 제 꽃가루받이(自家受粉 자가수분)는 가당치 않다는 사람들의 의견에 따라 정이품송의 수꽃 가루와 또 다른 소나무의 암꽃 가루로 인공수분을 시켜 자식을 얻게 되었습니다. 그런데 소나무도 제꽃가루받이의 폐해를 스스 로 잘 알고 있습니다. 그래서 수꽃은 암꽃보다 낮은 곳에 달리고 꽃이 피 는 시기도 약간의 차이를 두어 제꽃가루받이를 피합니다. 풍매화인 소나 무의 수꽃이 암꽃의 위쪽에 있다면 바람이 불 때 자연히 수꽃 가루가 아 래의 암술에 떨어져 제꽃가루받이 가능성이 커지겠지요. 동성동본끼리 의 혼인을 금했던 우리의 풍습을 소나무도 지키고 있는 것입니다.

　소나무에 벼슬을 내리고, 걸맞은 짝을 찾아 혼례를 치르게 하는 우리 의 정서에서 자연물을 마치 사람처럼 의인화하며 보호하고 가꾸던 자연 애호 사상을 엿볼 수 있습니다.

　보은의 정이품송은 다른 나무들과 달리 부인을 둘씩이나 거느리고 전국 곳곳에 많은 자식을 두었으니 참으로 다복한 나무라 할 수 있겠지 요. 그렇지만 성대한 혼례식을 치르고도 애처롭게 홀로 서 있는 정이품 송을 보면 문득, 생이별한 부인을 애타게 그리워한 다산과 추사의 이야 기가 떠오릅니다. 두 사람 모두 부인과 각별했던지라 그 사연 또한 절절 합니다.

노을빛 치마에 쓴 편지
〈하피첩〉.

강진으로 유배 간 다산 정약용은 십수 년을 부인과 떨어져 있었습니다. 편지로나마 그 애절함을 달랬던 다산은 '떨어지는 눈물에 옷과 수건을 적시며' 부인을 그리워합니다. 그는 "천 리 밖 두 마음, 옥인 듯 맑고 찬데. 애처로운 사연 보니. 그리운 마음 더욱더 깊소. 나 그리는 그대 생각에, 잠이 들고 잠이 깨고. 그대 그리워하다 보니, 해는 뜨고 해는 지고"라는 글로 아내에 대한 지극한 사랑과 애잔함을 전합니다.

부인 홍씨 또한 추운 겨울 혹독한 유배 생활을 걱정하며 절절한 그리움을 담아 시를 써서 보냅니다. "때는 병인년 섣달, 천지가 모두 꽁꽁 얼었는데. 눈 위에 한기가 서리고 수심은 점점 늘어갑니다. 등불 아래 슬픔만 가득하고 더욱 잠 못 들어. 서방님과 이별한 지 칠 년, 만날 날은 아득합니다."(1806년 12월 편지)

그리움에 사무친 부인 홍씨는 혼례식에 입었던 붉은 치마를 다산에게 보내줍니다. 다산은 그 치마를 오려 종이 삼아 글을 쓰고 〈하피첩(霞

帔帖)〉[*]이라 이름 지었습니다. 아내의 치마폭에 글을 쓰는 다산의 심정이
어떠했을까요. 다산은 1836년 2월 20일 회혼례(回婚禮)^{**}를 사흘 앞두고
마지막 시를 짓습니다.

〈회근시(回졸詩)〉^{***}

육십 년 세월이 눈 깜빡할 사이에 흘러

짙은 복사꽃 화사한 봄빛은 신혼 때 같구나.

살아 이별하고 죽어 헤어짐이 늙기를 재촉하지만

슬픔은 짧고 기쁨은 길어 성은에 감사한다네.

이 밤의 난초 노래는 곡조 더욱 좋고

그 옛날 하피첩에 먹 자국은 아직 남아 있네.

헤어졌다 다시 합한 것이 참으로 내 모습이니

---

* 하피(霞帔)는 노을 빛깔의 붉은 치마란 뜻으로 조선시대 사대부 여인의 예복을 뜻합니다. 〈하피
첩〉은 보물 제1683-2호로 지정되어 있습니다. 다산은 〈하피첩〉의 내력을 다음과 같이 밝힙니다.
"내가 강진에서 귀양살이하고 있을 때, 병든 아내가 낡은 치마 다섯 폭을 보내왔다. 시집올 때 입
었던 예복으로 붉은색은 바랬고 노란색도 엷어져 서첩으로 쓰기에 알맞았다. 그래서 이를 재단해
작은 첩을 만들어 생각나는 대로 경계하는 말을 써서 두 아들에게 물려준다. 앞날에 이 글을 보고
감회가 일어 부모의 향기로운 은택을 접하면, 뭉클한 느낌이 일어나지 않을 수 없을 것이다. 이름
을 하피첩(霞帔帖)이라고 한 것은 붉은 치마가 변한 것이기 때문이다. 경오년(1810년) 7월 다산
의 동암에서 쓰다."
** 부부가 결혼한 지 60년이 되는 해를 기념하는 잔치. 회혼(回婚) 또는 회근(回졸)이라고도 합니
다. 자손들이 부모를 위해 베푸는 잔치로 늙은 부부는 혼례의 복장을 갖추고 혼례 의식을 다시 치
릅니다.
*** 결혼한 지 60년이 되는 해를 기념한 시로 다산이 세상을 떠나기 사흘 전에 쓴 마지막 작품으로
알려져 있습니다.

60년을 해로한 부부의 상징, 회혼례.

　　두 합환주 잔 남겨서 자손에게 물려주리.

　　1836년 2월 22일. 결혼 60주년이 되던 날, 다산은 그토록 그리워하던 부인의 품에서 세상을 하직합니다. 향년 74세.

　　동시대에 살았던 추사 김정희도 유배 시절 부인과의 애절한 사연이 한글 편지로 남아 있습니다. "(……) 이리 떨어져 있어 염려만 할 뿐 어찌 할 길이 없사오며, 먹고 자는 모든 일이 어떠하옵니까? 그동안 무슨 약 을 드시며 아주 자리에 누워 지냈습니까? 간절한 심사를 갈수록 진정치 못하겠습니다. (……) 그대의 병환으로 밤낮 걱정하여 소식을 자주 듣지 못하오니, 더구나 가슴이 답답하고 타는 듯하여 견디지 못할 듯하옵니

다."(1842년 11월 14일자 편지)

"(……) 벌써 여러 달을 병이 낫지 않으니 근력과 모든 일이 오죽하시 겠습니까? 사슴 환약을 드시나 본데 그 약으로나 효과를 보실지, 멀리 만 리 밖에서 염려함을 형용하지 못하겠습니다."(1842년 11월 18일자 편지)

추사가 부인 이씨에게 보낸 편지의 일부입니다. 추사는 약한 아내가 병이 깊어지자 애끓는 심정을 편지로 써 보냈습니다. 절해고도에 위리 안치되어 죽어가는 아내의 모습을 볼 수 없던 추사는 아내의 사망 소식 을 전해 듣고 처연한 심정을 토로합니다. "천 리 밖에서 내가 죽고 그대 는 살아서 이 마음 이 설움을 알게 했으면" 좋겠다는 그의 통곡은 100여 년이 훨씬 지난 지금도 귓전을 울립니다. 끝내 이승에서 부인을 만나지 못한 추사. 한때 세상의 부러움을 한몸에 받던 천하의 추사도 부인과의 이별 앞에서는 한낱 범부에 지나지 않았습니다.

최근 결혼 생활을 졸업한다는 뜻의 졸혼(卒婚)이 늘었다고 합니다. 오 랫동안 책임과 의무를 다했으니 따로 편하게, 마음대로 살아보자는 취 지입니다. 불화보다는 나은 해결책이 되리라 생각되어 한편으로 이해가 갑니다. 미워하는 사람과 함께 살아야 하는 괴로움(怨憎會苦 원증회고)이 사랑하는 사람과 헤어져야 하는 괴로움(愛別離苦 애별리고)보다 크다면 그것 또한 불행이겠지요. 노을빛 치마에 쓴 다산의 편지를 다시 한 번 생 각하게 하는 주말입니다.

2부

모두
함께 살기

내 친구는 누구인가

草綠同色

초록동색

뜨거운 여름이 지나고 서늘한 바람이 불기 시작하면 마음도 괜히 싱숭생숭해집니다. 더위가 물러서면 무슨 큰일이라도 치른 듯 문밖으로 나서게 됩니다. 끝나지 않을 것 같던 폭염도 시간 앞에서는 슬며시 꼬리를 내립니다. 단풍의 계절이 시작된 것이지요.

낙엽활엽수가 많은 우리나라에는 가을에 형형색색의 단풍들이 자태를 뽐냅니다. 가을이 한창인 10월부터 11월까지는 단풍으로 유명한 설악산이나 오대산, 내장산 등지가 관광객들로 북적입니다. 설악산은 특히 투명하게 빨간 잎을 뽐내는 당단풍나무로 유명하지요. 가을 단풍철에는 TV 뉴스에 설악산과 내장산 등지가 단골로 등장하곤 합니다. 하지만 어떤 이들은 단풍 구경에 별 취미를 느끼지 못하기도 합니다. '그게 무슨 재

민가? 색색의 단풍이 뭐 그리 특별할 것도 없고, 오가며 붐비는 길이 영 내키질 않아.' 번잡스러운 단풍 구경보다는 선선한 바람이 부는 동네 카페나 술집에 앉아 친구들과 오붓한 여유를 즐기는 사람도 많습니다.

서로의 공통분모가 사람들을 함께하게 만듭니다. 가치관이나 생각, 또는 좋아하는 대상이 비슷한 사람들끼리 함께 모여 공감을 나눕니다. 국적과 종교, 민족과 문화를 초월하여 세계적 아이콘이 된 방탄소년단(BTS)의 팬클럽 아미를 한데 묶어주는 키워드도 공감인 것 같습니다. 이들끼리는 서로 눈빛만 봐도 통할 정도로 교감이 이루어집니다.

산이나 바다를 좋아하는 사람들은 풍광이 좋은 명승지에, 운동을 좋아하는 사람들은 체육관이나 야외에, 술을 좋아하는 사람들은 술집에, 각자 좋아하는 곳에 모여 여흥을 즐기며 유대감을 느끼지요. 같은 성향을 가진 사람들끼리 모여 친구가 되고, 자주 어울리는 장소는 아늑한 둥지가 됩니다. 사랑하는 친구들끼리 함께 마음을 나누는 일은 삶에서 가장 중요한 일 중 하나입니다.

그리스의 철학자 아리스토텔레스는 그의 아들 니코마코스에게 들려준 책 『니코마코스 윤리학(Éthika Nikomacheia)』*에서 친구의 의미와 가치를 다음과 같이 설명합니다.

그래서 우리 자신의 존재에 대한 지각이 바람직하듯이 친구의 존재에

---

* 아리스토텔레스가 만년에 저술한 책으로 그리스 고전철학의 도덕적 세계관을 보여준 책으로 평가받습니다.

학문과 진리를 추구하는 사람들끼리 함께 모인 아테네 학당. 가운데의 푸른 망토에 책을 든 이가 아리스토텔레스이고 그의 오른쪽이 스승인 플라톤입니다. 라파엘로의 〈아테네 학당〉, 1509~1510년작.

대한 지각은 바람직하다. 그런데 이런 지각은 함께 살 때 활성화되기에 사랑하는 사람들이 함께 살기를 원하는 것은 당연하다. 그리고 각자에게 자신의 존재가 무엇을 의미하건, 또는 각자의 삶의 목적이 무엇이건, 각자는 친구들과 더불어 그것을 추구하려 한다. 그래서 어떤 사람은 함께 술을 마시고, 어떤 사람은 함께 주사위 놀이를 하며, 또 다른 사람은 함께 운동이나 사냥이나 철학 공부를 한다. 저마다 인생에서 가장 좋아하는 일로 소일하면서, 그들은 친구들과 함께 살기를 원하기에 함께 산다고 느끼게 하는 일들을 하고 그런 것들을 공유하기 때문이다.

언제부턴가 사람들은 식물도 우리처럼 끼리끼리 모여 산다는 것을 알게 되었습니다. 우리들이 각자의 성향과 취미에 따라 친구가 되어 함께 모이는 것처럼 식물도 제각각 선호하는 장소를 찾아 공동체(community)를 이루며 살아갑니다. 식물들도 함께하는 친구들끼리 모종의 공감대가 형성되어 있다는 것이지요. 소나무나 갈대처럼 같은 종의 식물이 군락을 이룬 모습을 보면 마치 같은 성씨를 가진 사람들이 모여 사는 집성촌이 연상됩니다. 비슷한 입지 조건에 따라 무리 지어 하나의 커뮤니티를 이루며 사는 식물 군락의 모습은 일종의 '땅따먹기'와 흡사합니다. 이처럼 어느 장소에, 무슨 식물들이 모여 군락을 이루는가, 그리고 군락과 환경과는 어떤 상관관계가 있는가를 연구하는 학문 분야를 '식물사회학(plant sociology, phytosociology, 植物社會學)'*이라 부릅니다. 식물사회학은 원시 자연경관 등과 같은 과거의 식생경관을 추정하는 데 많은 도움을 주는 학문 분야입니다. 보통 '사회학'이라 하면 인간을 대상으로만 연구하는 학문으로 생각하기 쉽지요. 그러나 '식물사회학'이라는 어엿한 학문 분야가 따로 있는 걸 보면, 식물들이 살아가는 세상도 우리와 크게 달라 보이지 않습니다. 식물사회는 인간사회와 유사하지만, 공평함을 바탕으로 서로 어울리고 때로는 다투기도 합니다.

  사람들은 '누구와 어디에서 어떤 일로 만나는가'에 따라 행복감이 좌우된다고 합니다. 즉 인물, 공간, 상황이 행복을 결정짓는 주요 요소가 되는 것이지요. 그것을 그대로 식물에 대입해보면 '어떤 식물들과 어디에서, 어떻게 자라는가'에 따라 다툼과 어울림이 결정됩니다.

---

* 식생지리학의 한 분야인 식물사회학은 1928년 스위스 태생 식물학자 브라운 블랑케(Josias Braun-Blanquet, 1884~1980)에 의해 정립되었습니다.

내음력이 강한 서어나무는 북쪽 사면의 응달에 주로 군락을 이루며 삽니다.

독일의 엘렌베르크(H. Ellenberg, 1913~1997)[**]라는 식물생태학자는 이렇게 끼리끼리 모여 자라는 식물들을 오랫동안 연구하여 각 식물의 환경 요인에 대한 특성을 분류했습니다. 모든 것을 정확히 구분 짓고 계량화하길 좋아하는 독일인답게 그는 햇빛, 온도, 습도, 토양산도, 질소량 등의 환경 요인에 따른 식물의 반응 지수를 대략 9등급으로 구분하여 점수를 부여했습니다. 그리고 식물이 선호하는 각각의 환경 요인에 대한 선호도를 수치화(등급화)한 것을 식물의 '생태적 지표값(ecological indicator values, Ökologischen Zeigerwerte)'이라고 이름 지었습니다. 일종

[**] 독일의 식물학자이자 경관생태학자 엘렌베르크의 『중부 유럽에 분포하는 식물의 생태적 지표값 (Ökologischen Zeigerwerte von Pflanzen in Mitteleuropa)』이라는 책은 유럽의 식물생태학 분야에서 대표적 저서로 꼽힙니다.

의 환경 인자에 따른 식물분류인 셈이지요. 일반적인 식물분류가 그 외형에 방점을 두었다면, 이것은 환경에 대한 식물의 반응에 따라 구분해 놓은 것입니다. 식물이 선호하는 환경 인자별로 분류하는 이 방식은 식물을 통해 환경, 특히 토양의 상태를 파악할 수 있어 매우 유용합니다. 만약 여러분이 처음 보는 숲에 들어갔을 때 눈에 띄는 몇몇 식물의 생태적 공통분모를 안다면 그 땅의 환경적 특징을 파악할 수 있으니까요.

요즈음에는 끼리끼리 또는 유유상종이라는 표현이 부정적인 뉘앙스를 풍길 때가 많습니다. 일종의 편가르기로 생각하기 때문이겠죠. 그러나 서로 마음이 통하는 사람끼리 모이는 것은 인지상정입니다. 나이 든 어르신들이 모이는 공간과 젊은이들이 모이는 장소가 다르듯이 식물도 각자 좋아하는 공간에서 무리 지어 삽니다. 예컨대 습한 곳을 좋아하는 난티나무, 까치박달은 계곡부에, 건조한 곳도 잘 견디는 소나무, 철쭉은 산의 능선부나 남쪽 사면에 자리를 잡습니다. 음지를 좋아하는 서어나무, 층층나무, 고사리류의 식물은 북쪽 사면에 뿌리를 내립니다. 또 토양의 산성도가 높고 건조한 곳에는 산앵도나무, 산거울 등의 식물이 모여 살며 토양 속 질소가 많은 곳에는 딱총나무, 소리쟁이, 수영이 많이 분포합니다. 또 바람이 심하고 추운 산꼭대기 주변에 자리를 잡는 식물이 있는가 하면, 아늑한 산 아래에 모여 사는 것들도 있습니다. 이렇게 각각의 입맛에 맞는 장소에 한데 모여 자랍니다.

우리 주변의 가까운 습지에서도 이를 관찰할 수 있지요. 물이 빠진 웅덩이나 못 주변에는 고마리, 줄풀, 여뀌 등 습한 곳을 좋아하는 식물들끼

초여름 습기 많은 연못 터에 자리 잡은 풀들. 오른쪽 위의 산비탈의 식생과는 전혀 다른 고마리, 줄(풀), 여뀌 등이 끼리끼리 모여 자랍니다.

리 함께합니다. 웅덩이나 계곡 주변에는 바로 옆의 산비탈에 사는 식물들과는 전혀 다른 식물들이 자랍니다. 또한 바닷가 모래 언덕에는 통보리사초, 갯메꽃, 갯완두, 순비기나무 등 바람과 염분에 강한 식물들이 무리 지어 자랍니다. 갯벌 주변에는 붉은색을 띤 칠면초, '함초'라고도 불리는 퉁퉁마디 같은 염생식물(鹽生植物)*이 군락을 이루며 삽니다. 이것은 식물들이 제각각 살기 좋은 땅을 스스로 골라 터를 잡은 결과입니다. 그러다 보니 비슷한 입지환경을 좋아하는 녀석들끼리 모여 자란다는 것을 알 수 있습니다. 그 결과 몇몇 식물이 나타나면 반드시 같이 붙어다

---

* 갯벌 주변처럼 염분이 많은 땅에서 자라는 식물. 서해나 남해의 갯벌이나 염전 주변에서 볼 수 있으며 퉁퉁마디, 칠면초, 나문재, 해홍나물이 대표적인 염생식물입니다.

태안 신두리 해안사구에는 염분에 강한 통보리사초군락이 모여 있습니다.

니는 식물을 주변에서 찾을 수 있습니다. 마치 우리가 좋아하는 친구들끼리 뭉쳐 다니듯이 말이죠. 친구 중에서도 그 친밀도에 따라 절친이나 베프(best friend), 지인 등으로 구분하는 것처럼 어느 식물군락에 반드시 나타나는 식물을 식물사회학에서는 그 군락의 표징종(標徵種, character species)이라고 합니다. 표징종은 특정 군락에만 나타나므로 군락에 대한 충성도가 매우 높은 식물이지요. 예를 들면 물가의 갈대군락에 세모고랭이가 같이 등장하는 것처럼 말이죠. 우리의 절친이나 베프와 다름없습니다. 반면 군락의 일부에서 나타나 다른 그룹과 구분되는 종을 구분종(區分種, differential species) 또는 식별종(識別種)이라 합니다. 단짝은 아니지만 가끔 만나는 사이여서 친구의 범주에 들어가는 정도라고 할까요.

식물들도 우리처럼 서로 어울리는 동색친구(同色親舊)가 있습니다. 그들끼리의 '즐겨찾기'도 비슷합니다. 아리스토텔레스는 말합니다. "친구는 제2의 자아입니다. 그러니 친구를 통해 우리 자신의 존재를 더욱더 깨닫게 됩니다"라고 말이지요. 그 사람을 알기 위해서는 친구를 보라는 말이 있습니다. 친구를 통해 그 사람의 성정과 품성을 알 수 있으니, 친구는 제2의 자신이라 해도 과히 틀린 말은 아닐 테지요.

미국 하버드대 교수인 니컬러스 크리스태키스는 『행복은 전염된다』라는 책에서, 개개인이 서로 어떤 영향을 끼치는가, 그리고 그 관계가 사회 전체에는 어떤 영향을 미치는가를 설명합니다. 그는 사회의 네트워크와 커뮤니티가 개인의 생활과 건강, 정서에 지대한 영향을 끼친다는 것을 정량적 연구로 밝혀냈습니다. 그의 작업 방식과 결과는 식물사회학의 연구 주제와 묘하게 닮았습니다.

행복한 사람을 친구로 두면 자신도 덩달아 행복해진답니다. 그러므로 누구와 함께 사는가는 우리 삶에서 매우 중요한 요인입니다. 가족과 친구는 행복의 원천입니다. 그들과 함께라면 시간과 공간을 뛰어넘는 행복감과 안온함을 느낄 수 있지요. 주변의 친구들에 대하여 다시 한 번 생각해보십시오. 내가 누구인지, 그리고 나의 가치가 무엇인지 깨달을 수 있을 것입니다.

누울 자리 보아 발을 뻗다

量衾伸足

양금신족

김용택 시인에 의해 더욱 알려진 섬진강은 고운 모래로 유명합니다. 모래가람, 다사강(多沙江) 등의 별칭이 이를 말해줍니다. 특히 하동, 구례 주변은 중간중간 자리 잡은 너른 모래톱과 유유히 흐르는 강물이 주변 산세와 어우러져 찾는 이의 마음을 차분하게 가라앉혀 줍니다. 뒤로 슬쩍 물러선 지리산이 지긋이 강물을 굽어보는 풍광은 안온하고 넉넉한 느낌을 줍니다. 그래서 그런지 섬진강은 제게 치유의 강처럼 다가옵니다.

이른 봄, 매서운 바람이 아직 남아 있는 섬진강 강가에는 매화가 지천으로 피어납니다. 다른 꽃들은 감히 꽃망울을 터뜨리지 못하고 움츠려 있을 때 가장 먼저 봄을 알립니다. 3월 중순이면 섬진강변에는 매화 축

뒤로 한 걸음 물러선 지리산과 유유히 흐르는 섬진강 품에 자리 잡은 광양의 매화마을.

제가 열립니다. 매화는 꽃도 예쁘지만 그 향기 또한 은은하고 아취가 있
지요. 섬진강 좌우로 펼쳐진 매화밭은 초봄에 섬진강을 찾는 이들의 마
음을 설레게 합니다. 그러나 섬진강의 다리 하나를 건너면 또 하나의 볼
거리가 있는데, 그것을 아는 이는 많지 않습니다. 매화 마을 건너편 섬진
강 강가에 자리 잡은 하동 송림(松林)*이 그것입니다. 푸른 강과 하얀 모
래 그리고 초록의 소나무가 어우러진 풍경이 일품입니다. 아름드리 소
나무 사이로 순한 바람이 불어오는 송림을 산책하노라면 아련한 옛 추
억들이 떠오릅니다. 북에서 남으로 흐르는 섬진강은 하동 마을의 서쪽

---

* 하동 송림은 조선 영조 때 당시 도호부사 전천상(田天詳)이 강바람과 모래바람을 막기 위해 심은
소나무 숲으로 현재 천연기념물 제445호로 지정되어 있습니다. 약 700여 그루의 아름드리 소나무
가 숲을 이루고 있는데, 나이가 200년 넘은 소나무도 여럿 자라고 있습니다.

을 감싸며 남해로 빠져나가고, 송림은 섬진강과 마을 사이를 병풍처럼 에워싸고 있습니다. 이른 봄 매화를 보고 들뜬 마음을 강 건너 송림을 거닐며 차분히 가라앉혀 봅니다.

언젠가 송림 안을 산책하던 중 우연히 고개를 들어 하늘을 본 순간, 참으로 절묘한 실루엣을 보았습니다. 소나무의 잎과 잔가지가 자라면서 형성된 수관의 가장자리 윤곽선이 바로 옆 소나무의 그것과 요철(凹凸)처럼 짝을 이루고 있더군요. 하동 송림은 말 그대로 소나무라는 하나의 나무들만이 모여 자라는 단순림입니다. 소나무의 나이도 몇 그루를 제외하고는 거의 비슷할 것으로 추정합니다. 서로 나이가 다르고 크기가 다르면 공간의 여유가 많지만, 나이가 거의 비슷한 나무들이 모여 자라는 동령림(同齡林)에서는 수관부의 자리싸움이 치열합니다. 그러다 보면 힘센 녀석들에게 치인 녀석들은 도태되기도 하지요. 살아남기 위해서는 하늘 쪽으로 열린 제한된 공간을 최대한 활용하는 묘안을 짜내야 합니다. 해법은 공간을 적절히 나누면서도 제 영토를 차지하고 있는 것이지요. 주변의 상황이 어떤지를 잘 파악하고 그에 따라 줄기와 가지들이 뻗어나갑니다. 참으로 놀라운 자리 배치라 하지 않을 수 없습니다. 물론 이런 현상은 소나무 숲에서만 볼 수 있는 것은 아닙니다. 여러 나무가 모여 자라는 곳에서도 볼 수 있지만, 촘촘한 잎과 잔가지가 많은 소나무 동령림에서는 그 실루엣이 더욱 두드러집니다. 마치 퍼즐 조각들의 짜맞춤과 아주 비슷합니다. 서로 다른 굴곡진 선을 따라 나누어진 하나하나의 퍼즐 조각들이 빈틈없이 맞춰질 때 전체 퍼즐 그림이 완성되듯 소나무끼리 양보하고 타협한 결과물은 한 편의 '자연이 만든 그래픽' 같습니다.

소나무도 누울 자리를 봐가며 가지를 뻗고 있습니다. 소나무 가지가 만든 한 편의 그래픽. 하동 송림.

이러한 현상을 '수관기피'라고 하는데, 영어로는 'crown shyness(수관의 수줍음)'라고 부른답니다. 간혹 영어 표현이 더 인간적일 때도 있습니다.

숲 가장자리에 있는 소나무들은 숲 한가운데에서 자라는 녀석들보다 비교적 넉넉한 생육공간을 차지하고 있습니다. 이 소나무들은 공간이 많은 도로 쪽으로 가지를 길게 뻗으며 수관이 비대칭을 이룹니다. 간혹 아래쪽까지 곁가지를 뻗어 햇빛을 충분히 받으려 노력합니다. 이런 모습을 보면 나무들도 자기가 처한 상황을 파악하고 그것에 맞게 행동하는 것을 알 수 있지요. 헤르만 헤세의 말처럼 식물은 '충동적이 아니라 자신의 의지'대로 살아갑니다. 상황 파악을 못하고 눈치 없이 행동하여 빈축을 사는 사람보다 낫다는 생각이 들기도 합니다.

식물의 잎과 가지는 햇빛이 비치는 방향을 따라 자라는 특징이 있는데, 이를 굴광성(屈光性)이라 합니다. 그런데 빛을 따라 자라던 식물도 지속적인 바람에 노출되거나 다른 식물에 가까이 접촉하면 다시 움츠러들고 그쪽으로의 생장을 멈춥니다. 식물은 주변의 여건이 어떤지를 감지하고 즉각 반응합니다. 바람에 서로의 나뭇가지들이 부딪치면 가지 끝의 생장이 억제되고 적당한 거리를 유지합니다. 그 결과 수관의 외곽선이 서로 맞물려 마치 톱니바퀴의 요철처럼 보입니다. 하동 송림의 수관부에서 본 모습이 이런 사례였던 것이지요. 또 높은 산의 정상부나 바람이 심한 곳에 자라는 나무들을 보면 대부분 키가 작고 바람이 불어오는 쪽의 가지들은 생장이 멈추거나 저해 현상이 나타나는 것도 같은 이치입니다.* 이와 같은 현상을 접촉형태형성(thigmomorphogenesis)**이

지속적인 바람의 영향으로 가지가 한쪽으로 기울어 자라는 낙엽송. 접촉형태형성의 결과입니다. 이런 나무를 깃발나무(flag tree) 또는 편형수라고 합니다.

라고 합니다. 덩굴식물의 덩굴손이 물체에 닿는 부분이 수축되고 반대 부분이 길어져 다른 물체를 감아 오를 수 있는 현상도 이 때문입니다. 식물도 사람처럼 촉각이 발달해 있습니다.

소나무 가지가 서로 맞닿을 듯이 빈틈을 찾아 퍼져 있는 모습을 보면 곤궁했지만 즐거웠던 어린 시절이 떠오릅니다. 요즈음은 이불이 흔하지

* 강한 바람이 지속해서 불면 바람이 불어오는 쪽의 가지들은 생장 장애를 일으키고 그 반대쪽, 즉 바람이 불어가는 방향의 가지들만 길게 자랍니다. 이런 나무의 가지들은 마치 바람에 펄럭이는 깃발 같다고 하여 깃발나무(flag tree) 또는 편형수(偏形樹)라고 합니다.
** 미국 오하이오 대학교의 식물생리학자인 마크 제프(Jaffe, M. J.)는 1970년대 초에 접촉에 의해 식물의 생장이 억제되는 현상을 발견하고 접촉을 뜻하는 그리스어 'thigma'와 형태 창조를 뜻하는 'morphogenesis'를 합쳐 접촉형태형성(thigmomorphogenesis)이라는 용어를 제창하였습니다.

만 예전에는 식구는 많고 이불이 적어 이불 하나에 네댓 명이 덮고 자던 일이 흔했지요. 어린 시절이었으니, 고단하고 궁상스럽다는 생각보다 그저 재미난 놀이처럼 생각했습니다. 한겨울에는 이불을 더 많이 차지 하려 끌어당기기도 하고 바짝 붙어 서로의 온기를 나누며 도란도란 이 야기꽃을 피우기도 하였지요. 이불 한 장을 최대한 많은 식구가 덮으려 면 이불을 중심으로 두세 명씩 서로 반대편에 누워 자기도 하였습니다. 때로는 구부리거나 모로 눕기도 하고, 다리를 펴기도 하며 서로의 빈틈 을 최대한 활용하려는 궁여지책이었지요. '누울 자리를 보아가며 발을 뻗는다'라는 뜻의 양금신족(量衾伸足)*이라는 사자성어도 그래서 나왔을 것입니다. 나뭇가지들이 주변의 상황에 맞게 가지를 뻗는 모습이 우리 의 속담과 다르지 않습니다. 어린 시절에 이불 한 장을 두고 자리다툼하 던 모습처럼 나무들도 주변의 눈치를 보아가며 제 영토를 넓혀가는 것 이지요.

똑같은 나무라도 넓은 땅에서 혼자 햇빛과 양분을 독차지하며 자란 나무는 숲속에서 여럿이 함께 자란 것과는 그 생김새가 다릅니다. 아이들도 부모의 사랑을 듬뿍 받으며 혼자 자란 외둥이와 여러 명의 남매 속에서 경쟁하듯 자란 다둥이의 사회성이 다르듯이 나무도 그렇습니다. 나무는 햇빛 경쟁을 하느라 위로 높게 자라는 성질이 있습니다. 다른 나무보다 키가 커야 햇빛을 많이 받을 수 있으니까요. 그러나 주변에 다른 나무

* 양금신족은 '이불깃을 보고 발을 뻗는다' 또는 '누울 자리를 보고 발을 뻗는다'라는 뜻입니다. 비슷한 말로는 '몸에 맞게 옷을 만든다'는 뜻의 칭체재의(稱體裁衣) 또는 양체재의(量體裁衣)라는 사자성어도 있는데, 모두 '일의 처한 형편에 따라 적합하게 처리해야 한다'는 의미입니다.

들이 없고 혼자 자라는 외둥이들은 위보다는 옆으로 가지를 뻗으며 자라는 경우가 많습니다. 그렇기 때문에 줄기가 곧고 쭉쭉 뻗은 목재 생산을 위해서는 처음에 촘촘히 심어 생장의 경쟁을 부추기는 전략을 세웁니다. 같은 나무도 주변 상황에 따라 달리 자라는 것을 보면 우리 아이들과 비슷하지요. 나무도 여럿이 함께 자라야 사회성이 높아집니다.

경북 예천에는 땅을 소유하고 있어 토지세를 내는 것으로 유명한 소나무가 있습니다. 세금은 사람들이 내는데, 소나무가 땅을 가지고 있고 세금도 낸다니 의아하겠지요. 천연기념물 제294호로 지정된 예천의 석송령(石松靈)**이 그 주인공입니다. 이 소나무의 나이는 600여 년, 높이는 약 10m밖에 되지 않지만 수관폭은 30m에 달합니다. 높이보다 수관폭이 매우 큰 나무지요. 용트림하듯 사방으로 가지들이 뻗어 풍채가 실로 장관이지요. 주변 땅이 온통 제 땅이고 다른 나무들이 없어 혼자서 마음대로 사방으로 가지를 뻗을 수 있었던 것입니다. 천연기념물로 지정된 대부분의 노거수는 마을에 자리를 잡고 있어 주민들이 주변을 정리해줍니다. 또 주변에 시설물이나 건물을 세우는 것은 물론 다른 나무도 심지 않습니다. 그러다 보니 넉넉한 공간을 독차지하며 마음껏 자랄 수 있지요. 만약 이 소나무 바로 옆에 다른 나무들이 빽빽이 자랐다면, 이렇게까

** 전설에 따르면 약 600년 전 풍기 지방에 큰 홍수가 났을 때 석간천을 따라 떠내려 오던 소나무를 지나가던 사람이 건져 이 자리에 심은 것이라고 합니다. 그 뒤 마을에 살던 이수목(李秀睦)이라는 사람이 '석평마을에 사는 영험한 소나무'라는 뜻으로 '석송령'이라 이름 지었고, 자신의 토지 6,600m²를 물려주었습니다. 마을에서는 석송령의 재산으로 장학금을 조성하여 학생들에게 주고 있다고 합니다.

세금 내는 소나무 석송령. 수관폭이 약 30m에 달합니다.

지 옆으로 줄기를 넓게 뻗지 못했을 것입니다. 혹시 숲속에 이런 나무가 자란다면 주변의 나무들에는 피해가 이만저만이 아니겠지요. 마치 여러 사람이 덮어야 할 이불을 혼자 독차지한 꼴이니까요.

숲속에 이런 나무가 있다면 가히 방약무인이라 할 수 있는데, 그럴 경우에는 '폭목(暴木)'이라고 부릅니다. 힘자랑을 하며 주변에 겁을 주는 폭력배가 언뜻 생각나지요. 폭목은 주변 나무보다 생장력이 월등한 것일 수 있지만, 그 지역의 터줏대감처럼 오래전부터 자리를 지키던 나무일 경우도 있습니다. 폭목은 다른 나무들보다 수관을 옆으로 넓게 뻗고 제멋대로 자라 인접 나무들의 생장을 방해하는 경우가 대부분인데, 예천의 석송령은 일반적인 폭목이라고는 할 수 없습니다. 석송령이 자라는 곳은 숲속이 아니라 넓은 공지이고 주변에 자라는 나무가 없어 다른 나무들을 방해하지 않고 자유롭게 자랄 수 있었던 것입니다. 게다가 수백 년 동안 주민들이 석송령 주변을 정리해주고 밑으로 처지는 가지도 최대한 받쳐주면서 정성스레 관리했습니다. 그런 보살핌 덕분에 옆으로 난 가지들이 다른 소나무들보다 넓게 퍼져 자란 것이지요. 석송령은 숲속에 있는 폭목이 아니라 사람이 떠받들어 모셔온 숭목(崇木)인 셈이지요.

자기 분수에 넘치게 과한 욕심을 내 주변에 민폐를 끼치는 사람은 우리 사회의 폭목에 비유해봄 직합니다. 모든 것을 독점하려는 사람은 주변 상황보다는 자신의 감정과 이익만을 좇아 삽니다. 제 욕심만 차리는 사람의 인성이 그렇듯 폭목도 나무 재질이 썩 좋지 못한 경우가 많다고 하니 참으로 묘한 일입니다. 폭목을 영어로는 얄궂게도 'wolf tree'라고 하는데, 직역하면 '늑대 나무'가 됩니다. 내가 혹시 우리 사회에서 늑대 나무가 아닐까 되돌아보게 됩니다. 경쟁 속에서도 타협하고 양보하는 나무의 삶을 통해 공존의 의미를 다시 한 번 되새겨봅니다.

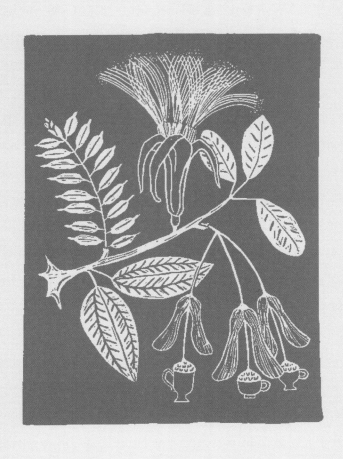

공생, 상생, 그리고 기생

相生相滅

상생상멸

'독특한(unique) 경험이자 예상치 못한(unexpected) 영화.'

봉준호 감독의 영화 〈기생충〉에 대해 프랑스 칸 국제영화제 심사위원장을 맡았던 알레한드로 이냐리투가 밝힌 소감입니다. 그는 심사위원들의 만장일치로 황금종려상을 수상한 〈기생충〉에 극찬을 아끼지 않았습니다. 프랑스 칸의 황금종려상은 한국 영화로는 최초이며, 마침 한국 영화 100주년이 되는 해(2019년)에 받은 상이라 그 의미가 더욱 큽니다. 2020년 2월에는 제92회 아카데미 시상식에서 최고 영예인 작품상 외에 감독상, 각본상, 국제장편영화상 등을 수상하면서 세계 영화 예술 역사에 한 획을 그었습니다. 그동안 보수적이었던 아카데미에서 최고상을 수상하자 외신은 '세계의 승리', '역사적 승리'라고 평가했습니다. 자본주의와 빈부격차라는 보편적 주제를 다룬 이 영화는 치밀한 각본과 연출, 숨겨진 코드와 절묘한 은유로 관람 내내 지루하지 않습니다. 웃다가도 어느새 공포가 엄습해오고 은근 통쾌하다가도 한편 불편해지는, 그래서 잔상이 오래 남는 영화입니다. 게다가 다양한 해석의 여지를 남겨놓은 부분이 많아 영화가 끝난 후에도 감독의 의도를 해석하느라 설왕설래합니다. 후속 퍼즐게임까지 염두에 둔 듯한 감독의 상상력 덕분일까요. 제작 당시 현장의 모든 스태프와 '표준 근로계약서'를 작성하고 근로시간을 준수했다는 사실 또한 눈길을 끄는 대목입니다.

영화 〈기생충〉은 우리 사회 공생관계의 한 단면을 잘 보여줍니다. 공생은 어느 특정 사회만의 문제가 아니라 세계적 화두입니다. 공생을 뜻하는 영어 symbiosis는 'σύν(sýn, 함께) + βίωσις(bíos, 살다)'라는 그리스어에서 유래되었다고 합니다. 생물은 어떻게든 이웃과 함께 부대끼며 살아갑니다. 물과 나무처럼 상생하거나 물과 불처럼 상극인 경우와 같이, 함께 살면서 서로 도움을 주기도 하고, 때로는 한 쪽에서 폐를 끼치거나 서로 극이 되는 경우도 많습니다.

어느 가을날 광화문 교보빌딩의 글판에는 "나뭇잎이 벌레 먹어서 예쁘다. 남을 먹여가며 살았다는 흔적은 별처럼 아름답다"라는 이생진 시인의 글귀가 걸렸습니다. 자식들 김장거리를 몰래 갉아 먹는 배추벌레를 잡으며 끌탕을 하시는 시골의 장모님께도 들려주고 싶은 글입니다. 원로 시인의 글은 "천지자연이 장구할 수 있는 까닭은 자신만을 살리려 하지 않기 때문이다. 그러므로 장생할 수 있다(天地所以能長且久者 以其

不自生 故能長生 천지소이능장차
구자 이기부자생 고능장생)"라는
노자의 말씀에 맥이 닿아 있습
니다.

공생이란 긍정과 부정의 뜻
이 모두 담긴 중립적인 단어입
니다. 그런 면에서 공생에는 균
형이 가장 중요한 핵심인데, 그

것이 깨지면 불화가 일어납니다. 노자가 "있음과 없음이 서로를 살린다
(有無相生 유무상생)"라고 한 것처럼, 많으면 비우고 적으면 채워 수평을
이루게 하는 것이 서로 상생하고 보완하는 길입니다. 어느 한쪽으로 무
게 중심이 이동하는 순간 상생이 상극으로 바뀝니다. 공생에는 서로 도
움이 되는 상생(상리공생)과 한쪽에만 도움이 되거나(편리공생) 피해가
되는(편해공생) 경우도 있지요. 기생도 상대가 있어야 하므로 공생에 포
함됩니다.

가장 바람직한 공생은 상리공생(相利共生, mutualism)*입니다. 서로 이
득이 되니, 누이 좋고 매부 좋은 격이지요. 상리공생은 우리가 흔히 이야
기하는 상생(相生)의 본보기입니다. 우리 사회에서 상생만큼 자주 사용
되는 단어도 흔치 않습니다. 노사 간의 상생, 지역 간의 상생, 국가 간의
상생, 더 나아가 자연과의 상생까지, 외침은 난무하지만 정작 실천은 미

---

* 상리공생을 뜻하는 'mutualism'이라는 용어는 벨기에의 동물학자인 피에르 반 베네덴(Pierre van Beneden)이 1876년 처음 사용하였습니다.

서로 득이 되는 상리공생의 대표적 사례. 말미잘과 흰동가리(왼쪽 위), 악어와 악어새(왼쪽 아래), 꽃과 벌.

비합니다. 그만큼 실천하기 어렵다는 것을 방증합니다.

식물사회에서 대표적인 상생은 곤충과 식물과의 관계를 들 수 있습니다. 식물은 대부분 곤충에 의해 꽃가루받이가 되는 충매화이므로 곤충의 역할이 지대합니다. 대신 곤충은 식물로부터 먹이를 얻지요. 만약 곤충이 사라지면 꽃가루받이가 어려워 식물도 사라지니, 이는 곧 상생상멸(相生相滅)의 관계입니다. 아프리카에 서식하는 바오밥나무의 군락지에서 최근 어린 바오밥나무를 더 이상 찾아볼 수 없답니다. 바오밥나무의 꽃을 수분해주는 중매쟁이인 박각시나방이 기후변화로 사라지고 있기 때문이라는군요. 식물과 곤충의 상생이야말로 대립과 갈등이 만연한 우리 사회에서 본받을 사례입니다.

콩과식물과 뿌리혹박테리아도 서로 도움을 주고받습니다. 뿌리혹박테리아가 땅속의 질소를 고정하여 식물에 공급하고 식물은 광합성 산물인 포도당이나 녹말 등을 박테리아에게 제공합니다. 이때 식물의 성장률이 10배 이상 증가한 사례도 있다고 합니다.

서로 득이 될 수 있도록 누구나 바라고 노력하는 것처럼 보이지만 우리의 실상은 그렇지 않은 것 같습니다. 겉으로는 정의와 공정을 외치고 있으나, 속에는 탐욕과 경쟁이 넘쳐납니다. 상생은 구호로만 존재하는 것일까요. 끝없는 탐심과 시샘으로 파생된 사회적 불평등은 어느 한쪽에게 불만으로 남습니다. 늘 상생을 외치는 기업 문화에서도 마찬가지입니다. 경영자와 노동자도 식물과 곤충처럼 상생상멸의 관계지요. 식물은 곤충에게 꿀을 너무 많이 딴다고 불평하지 않습니다. 곤충도 꽃가루받이가 힘겹다고 투덜대지 않습니다. 정확히 꿀을 따는 동안만큼만 꽃가루가 묻으니 얼마나 공평한 일인가요. 자연계의 생태적 저울이 우리의 사회적 저울보다 훨씬 더 공정합니다. 우리가 아무리 공명정대를 외쳐도 자연의 공정함에는 미치지 못합니다.

양쪽 모두 이득이 되는 경우도 있지만, 한쪽에만 도움이 되고 다른 쪽에는 도움도, 피해도 되지 않는 경우도 있지요. 이런 공생을 편리공생(片利共生)이라고 합니다. 편리공생을 영어로 'commensalism'이라고 하는데, 이는 라틴어에서 '함께'라는 접두사 'com-'과 '식탁' 또는 '식사'를 의미하는 'mensa'라는 단어가 합성된 'commensalis(회식자)'에서 유래되었다고 합니다. 한 식탁에서 다른 사람의 음식을 넘보거나 나누지도 않으면서 각자 자기 식사만 충실하게 한다는 의미로 해석할 만합니다.

이때는 어느 한쪽에 큰 피해를 주지 않으니 '소 닭 보듯, 닭 소 보듯' 하는 경우가 많습니다. 예컨대 갈고리나 털이 달린 식물 열매가 동물이나 사람의 몸에 붙어 이동하는 사례가 그렇습니다. 동물에게는 자신의 털에 작은 씨앗이 붙어 있으나 없으나 별 차이가 없어 상관하지 않습니다. 그러나 식물은 그 덕분에 먼 곳까지 씨를 퍼트릴 수 있으니, 무료 택배기사에게 감사해야 할 일이지요.

그런가 하면 한쪽은 아무런 이득도 없으면서도 다른 한쪽에 피해를 주는 경우도 있는데, 이를 편해공생(片害共生, amensalism)이라고 합니다. 편해공생의 영어 표현인 'amensalism'은 '식탁에 함께 하지 않는' 또는 '식사를 함께하지 않는'이라는 뜻이 있어 불편한 관계를 보여줍니다. 꼴도 보기 싫은 사람하고는 밥도 같이 먹지 않는 뒤틀린 심사를 반영한 표현인 듯합니다. 흑호두나무나 유칼립투스, 가죽나무나 소나무에서도 찾아볼 수 있는 알렐로파시가 편해공생의 대표적인 사례입니다.[*] 사촌이 땅을 사면 배가 아픈 것처럼 자신과는 전혀 무관해도 남이 잘되는 것을 참지 못하는 경우가 허다합니다. '맺은 호박 덩굴 끊고, 패는 곡식 모가지 뽑는' 놀부 심보와 다를 바가 없다고나 할까요. 이런 심사는 우리뿐만이 아닐 테지요. 독일어에서도 비슷한 표현으로 '샤덴프로이데(Schadenfreude)'[**]라는 말이 있습니다. 남의 불행을 은근히 고소하게 생각한다는 뜻인데, 독일에서 유래한 이 용어가 프랑스와 영국, 이탈리아

---

[*] 본문 113쪽 〈당신은 어떤 리더입니까〉 참조.
[**] 독일어 Schaden(손해, 피해)과 Freude(기쁨, 즐거움)의 합성어로 '타인의 불행에서 느끼는 나의 행복'이라는 의미입니다.

와 포르투갈뿐 아니라 북유럽권에서 그대로 차용된 것을 보면 내면에 숨겨진 악마성에 다들 공감하는 모양입니다.

한편 우리는 기생을 가장 비열한 방식의 공생으로 치부합니다. 심지어 공생과 기생을 이익(긍정)과 손해(부정)로 이분하여 공생의 한 유형으로 보지 않는 사람도 있습니다.

식물세계에서 기생은 그다지 포악하지 않습니다. 숙주가 죽을 만큼 해를 가하는 경우가 많지 않아 비교적 온순한 동거에 가깝습니다. 식용이나 약용으로 사용되는 많은 버섯도 나무에 기생하는 것들입니다. 기생 식물의 대표적 사례로는 참나무류나 팽나무, 뽕나무의 가지에 빗자루나 새 둥지 모양처럼 뭉쳐 자라는 겨우살이***를 들 수 있지요. 숙주인 나뭇가지에 매달려 물과 양분을 얻으며 살아가는 겨우살이의 열매는 끈끈한 점액질로 되어 있어, 직박구리나 곤줄박이 등의 새들이 이 열매를 먹을 때나 배설할 때 나뭇가지에 달라붙어 기생생활을 시작합니다. 겨우살이는 숙주 나무의 생장에 해를 끼치지만, 그로 인해 숙주가 죽는 경우는 드뭅니다. 오히려 귀한 약초인 겨우살이를 채취하는 사람이 숙주 나무를 베는 경우가 많아 그것이 더 큰 문제라고 합니다.

우리는 다른 사람에 빌붙어 사는 사람을 흔히 기생충 같은 사람이라

*** 겨우살이는 항암치료제, 또는 고혈압, 관절염 치료에 효능이 있다고 알려져 있습니다. 약재 명은 참나무류에 자라는 겨우살이는 곡기생(槲寄生), 뽕나무에 자라는 겨우살이는 상기생(桑寄生)이라 합니다. 특히 뽕나무에 자라는 겨우살이는 희귀하고 가치가 높아 예전에도 귀한 약재로 썼습니다. 『조선왕조실록』에도 자주 등장하는 뽕나무 겨우살이는 광해군이 직접 "각별히 배양하고 돌보라"고 하명한 약재이기도 합니다.

고 비하합니다. 어느 한 개인이나 계층을 기생충으로 보는 시각을 넘어 하나의 민족 전체를 기생충으로 매도한 흑역사도 있습니다. "유대인은 다른 민족의 몸속에 사는 영원한 기생충이다. 그들은 적절한 숙주를 찾아 끊임없이 퍼져나가는 세균처럼 기생하며 그들의 출현으로 숙주인 다른 민족들은 언젠가는 사멸할 것이다." 유대인을 극도로 혐오했던 히틀러(Adolf Hitler, 1889~1945)가 자서전 『나의 투쟁(Mein Kampf)』에서 한 말입니다. 그러나 나치가 망하고 유대인은 살아남았으니, 역사의 아이러니가 아닐 수 없습니다.

기생을 뜻하는 영어 'parasitism'은 '남의 식탁에서 음식을 먹는 사람'이라는 그리스어 'parasitos'에서 유래했다고 합니다. 그러고 보면 공생이라는 개념의 여러 어원 속에는 '음식'과 '식탁'이 중요한 키워드로 등장합니다. 영화 〈기생충〉도 결국은 '밥'에 관한 이야기로 귀결됩니다. 그만큼 밥은 인간의 알파요 오메가입니다.

독일 나치가 유대인을 기생충으로 묘사한 포스터.

영화 〈기생충〉에서는 숙주와 기생체가 비교적 분명한 듯 보이지만, 현실을 좀 더 깊이 들여다보면 경계가 모호합니다. "악인이 없으면서도 비극이고, 광대가 없는데도 희극"이라는 봉준호 감독의 자평처럼, 우리 사회에서 누가 진짜 숙주이고 진짜 기생인지 헷갈립니다. 투시경으로 들여다보면, 우리 모두가 보이지 않는 누군가의 눈물과 땀을 은밀히 자양분 삼아 살아가는지도 모릅니다.

이 글을 쓰다가 불현듯 내 생활과 태도를 되돌아보게 됩니다. 서로를 위해 아내와 함께 가정을 꾸렸으나, 점차 나 편한 대로만 사는 편리공생이나 편해공생의 관계로 변한 것은 아닌지, 아니면 혹시? 그건 아닐 거라 자신을 추스려봅니다.

박 사장(이선균 분)과 기택(송강호 분)네도 처음에는 상생을 목적으로 시작된 관계였지요. 그 관계가 점차 편리공생과 편해공생을 거쳐 결국 반기생으로, 그리고 전적으로 숙주에 의존하는 전기생으로 변해가더니*, 종국에는 둘 다 파멸로 내달리고 맙니다. 이처럼 시간이 지나면서 공생 관계가 진화해가거나 막판에 숙주와 기생체가 함께 파국으로 치닫는 사례는 다른 생물에게서는 좀처럼 보기 드문 현상입니다. 인간은 생물 중에서도 아주 '독특하고 예상할 수 없는' 존재인 모양입니다.

---

* 푸른 잎이 있어 스스로 광합성을 어느 정도 할 수 있으며, 필요시에는 숙주의 영양분 일부만 흡수하는 기생식물은 반(半)기생식물이라고 합니다. 반면에 전적으로 숙주에 의존에 사는 기생식물을 전(全)기생식물이라고 부릅니다.

당신은 어떤 리더입니까

他人鼾睡

타인한수

'짜장면으로 통일!' 점심 식사 자리에서 자주 볼 수 있는 장면입니다. 직장 상사의 이런 외침에 다른 메뉴를 주문하기는 쉽지 않습니다. 다른 것을 시키면 어깃장을 놓는 것 같아 대단한 용기가 필요합니다. 언뜻 호방한 것처럼 보이지만 식사까지 강요하는 듯한 하명. 많은 사람이 한 번쯤 겪어보았을 상황입니다. 그보다는 "우선 다 같이 좋아하는 탕수육, 그리고 각자 짜장, 짬뽕, 볶음밥 중 택일하면 어떨까?" 전체와 개인 둘 다 존중하는 상사의 절충안이 있다면 이견이 거의 없을 것입니다.

직장인들이 가장 좋아하는 리더는 어떤 사람일까요? 아마 효율적으로 일을 처리하면서, 합리적이고 민주적인 사고를 하는 인물이겠지요. 거기에 후배 직원의 실수에도 방패막이를 자처하는 사람. 바로 그런 상사가 후배들에게 박수 받는 리더일 것입니다.

직장의 행복 지수를 평가할 때 동료와 상사와의 관계가 가장 높은 비중을 차지하는 것으로 알려져 있습니다. 때로는 가족보다 더 오랜 시간을 함께해야 하는 동료나 상사와의 관계는 보수나 업무의 만족도보다 더 중요한 것으로 평가되고 있지요.

리더십을 이야기할 때 곧잘 장수에 비유합니다.

조조처럼 비상한 머리로 난국을 헤쳐나가는 지장(智將), 장비처럼 열세에서도 굴하지 않고 용맹하게 앞장서 전투를 치르는 용장(勇將), 주변의 말에 귀 기울이고 포용력 있는 유비 같은 덕장(德將)도 있습니다.

지장은 상황을 정확하게 판단하고 합리적인 방향으로 조직과 부하를 이끕니다. 실수가 적고 판단이 정확하니 구성원 모두가 리더의 생각과 입만 쳐다보는 경우가 많겠지요. 냉철한 사고와 정확한 판단이 필요한

조조, 장비, 유비.

만큼 따뜻한 인간미는 떨어지기 쉽습니다.

용장은 조직을 장악하고 독단적으로 일을 추진합니다. 속된 말로 '닥치고 돌격'하여 후배들이 쫓아가기 바쁩니다. 너무 열심히 쫓아가다 보면 어디로 가고 있는지조차 헷갈릴 때도 있지요. 저돌적인 일 추진으로 다소 무리수를 둘 수 있지만, 투박하고 거친 매력이 있습니다.

덕장은 주변의 의견을 경청하고 수용할 줄 압니다. 좋게 말하면 유연한 사고를 가졌다고 할 수 있지만, 귀가 얇아 우유부단하다는 소리를 듣기 십상이지요. 그렇지만 후배들의 잘못도 너그러이 품어주는 후덕함으로 온기를 느낄 수 있습니다.

최근 한 일간지에서는 20~50대 직장인 약 2,250여 명을 대상으로 리더십에 대해 설문 조사를 하였습니다. 그 결과 함께 일하고 싶은 리더로 '인품이 훌륭한 덕장'을 꼽은 응답자가 46%로 가장 많았습니다. 그다음으로는 지장에 해당하는 '스마트한 리더'가 23%, '카리스마 있는 용장'은 겨우 8%로 가장 인기가 낮았습니다. 특히 20대들에게는 '짜장면으로 통일'을 외치는 용장에게는 후한 점수를 주지 않았습니다. 덕장에게는 20대나 50대 모두 가장 높은 점수를 주어 유능한 리더로 평가하고 있습니다. '도리불언 하자성혜(桃李不言 下自成蹊)'라는 말이 있습니다. 복숭아나무와 자두나무는 꽃이 곱고 열매도 맛있습니다. 그러니 굳이 오라고 하지 않아도 찾는 이가 많아 그 나무 밑에 저절로 길이 생긴다는 말입니다. 덕이 있는 사람은 스스로 말하지 않아도 늘 그를 따르는 사람이 많은 법입니다.

냉철한 머리와 강한 추진력, 따스한 포용력을 모두 갖춘 리더는 찾기 어렵습니다. 대부분 뭐 하나가 빠지게 마련이지요. 그렇지만 추진력과 지략이 다소 부족해도 후배들이 숨은 실력을 발휘할 수 있도록 판을 깔아주고 뒤로 물러서 있는 상사, 또 실수도 너그러이 품 안에 끌어안는 상사에게는 누구나 높은 점수를 주기 마련입니다. 이런 상사에게는 모두가 충심으로 보답하고 싶은 마음일 것입니다.

"강과 바다가 온갖 계곡물의 왕이 될 수 있는 까닭은 자신을 낮추기 때문이다(江海所以爲百谷王 以其能爲百谷下 강해소이위백곡왕 이기능위백곡하)"라는 노자의 말씀에 공감합니다.

주변 사람들과 공감하며 후덕한 인품으로 많은 사람에게 인기를 얻는 사람이 있는가 하면, 능력과 자질이 출중해도 사람들과 잘 어울리지 않으며 곁을 주지 않는 사람도 있습니다. 모든 것을 평정하고 혼자 독차지하고 싶은 욕심이 많은 사람일 것입니다. 찬바람이 쌩쌩 돌아 주변 사람들도 서먹해서 가까이하기를 꺼리지요.

자기 주변의 다른 세력을 용납하지 못하는 것을 '다른 사람의 코 고는 소리'라는 뜻의 사자성어인 타인한수(他人鼾睡)라고 합니다. 송나라 때 악가(岳珂)가 편찬한 『정사(程史)』에 나오는 이야기입니다.

중국 송나라 태조인 조광윤(趙匡胤, 927~976)이 천하를 통일하기 전, 양쯔강 이남에서 이욱(李煜)이라는 사람이 현재의 난징(南京)을 도읍으로 한 금릉(金陵)이라는 나라를 이끌고 있었습니다. 천하통일을 꿈꾸던 조광윤에게는 눈에 거슬리는 존재였지요. 이미 조광윤의 위협을 느낀 이욱은 사신을 보내 침략할 의도가 없다는 것을 분명히 밝혔음에도 조광윤은

"양쯔강 이남이 특별히 죄가 없는 것을 알지만, 천하는 하나의 가족이므로 침대 곁에서 다른 사람이 코 고는 소리를 들을 수 없다(知無罪江南 但天下一家 臥榻之側 豈容他人鼾睡乎 지무죄강남 단천하일가 와탑지측 개객타인한수호)"라고 대답합니다. 천하가 하나의 가족이고 강남땅 역시 송나라 영토이므로 다른 세력을 그냥 묵과할 수 없다는 말이었지요. 이욱은 얼마 후 송의 대군에 항복하고 조광윤은 천하를 평정하였습니다.

  식물 중에서도 주변의 땅을 혼자 독차지하고 다른 식물을 곁에 두지 않으려는 녀석들이 있습니다. 식물은 여럿이서 함께 부대끼며 사는 것이 보통이지만, 어떤 녀석들은 제 땅에 다른 식물이 자라지 못하게 하지요. 특히 호두나무, 소나무, 유칼립투스, 가죽나무, 단풍나무, 양버즘나무가 대표적입니다. 희로애락을 함께 나누는 덕장과는 달리 옹졸하고 모든 것을 독식하려는 사람과 같다고 할까요. 이들 식물은 특정 물질을 분비하여 다른 식물들이 가까이 오지 못하게 합니다. 일종의 자기방어 물질인 생화학물질을 내뿜어 주변 식물의 생장이나 발아, 번식을 억제하는 이러한 현상을 타감작용(他感作用, allelopathy)이라고 하는데,* 식물계의 '타인한수' 형국인 셈입니다. 알렐로파시(allelopathy)는 오스트리아의 식물학자인 한스 몰리쉬(Hans Molish, 1856~1937)**가 처음으로 사용한 용어로, '서로의', '상호 간'이라는 뜻의 그리스어 'allēlos'와 '피해' 또는 '고통'을 뜻하는 'pathos'의 합성어입니다.

---

* 우리에게 잘 알려진 허브식물도 타감작용을 하듯이 대부분의 식물이 타감 물질을 분비한다고 알려져 있습니다.

　　호두나무는 잎이나 열매껍질에서 유글론(juglone)이라는 물질을 분비
하는데, 이 물질이 주변의 식물들이 자라는 것을 방해합니다. 기원후 1
세기경 플리니우스(Gaius Plinius Secundus, 23~79)***는『박물지(Naturalis
Historia)』라는 책에 이미 이러한 현상을 언급하였습니다. 특히 북미대륙
에서 자라는 흑호두나무(*Juglans nigra*)의 독성은 호두나무 중에서도 강
한 것으로 알려져 주변의 참나무류나 사과나무를 죽일 뿐 아니라 동물
들에도 해를 끼쳐 말이 호두열매 껍질을 먹을 경우 치명적일 수도 있다
고 합니다.

중세 유럽에서는 호두나무를 주변 땅의 생산성을 떨어뜨리는 불길한 나무로 간주하였습니다. 그 결과 오늘날까지도 이탈리아의 시칠리아에서는 "호두는 해로운 것이다(Nuci noci)"라는 말이 있습니다. 비슷한 속담이 독일에도 있는데, "호두나무 아래에 자라는 식물은 아무짝에도 쓸모없다(Was unter dem Nussbaum wächst, taugt nichts)"라는 속담입니다. 호두나무 아래에서는 토마토, 감자, 파프리카 등의 작물이 자라지 못합니다. 특히 호두나무의 수관이나 뿌리가 뻗어 나가는 끝부분 안쪽에 자라는 식물들이 치명적인 영향을 받는다고 알려져 있습니다. 악목불음(惡木不陰)이란 이를 두고 이른 말인 모양입니다.

오스트레일리아에 주로 분포하는 유칼립투스도 잎과 뿌리에서 유카립톨(eucalyptol)이라는 물질을 내뿜어 다른 식물들이나 토양의 미생물 성장을 억제한다고 알려져 있습니다. 소나무도 갈로탄닌(gallotannin)이라는 물질을 분비해 다른 식물들이 가까이하기를 꺼립니다. 오래된 소나무 숲 아래에 다양한 식물이 자랄 수 없는 이유입니다.

이처럼 식물사회에서도 주변의 다양한 식물과 함께 자라는 식물이 있는가 하면, 다른 식물이 아예 범접을 못하도록 하는 배타적인 식물도 있

** 한스 몰리쉬는 1937년『식물 상호 간에 미치는 영향-알렐로파시(Der Einfluss einer Pflanze auf die andere-Allelopathie)』라는 책에서 '알렐로파시'라는 용어를 처음 사용하였습니다. 그는 1922년부터 1925년까지 일본에서 활동하였으며, 일본 도호쿠 대학의 생물학부를 창설하기도 했습니다.

*** 플리니우스는 고대 로마의 정치가이자 군인이며 학자로 총 37권으로 이뤄진 대백과사전인『박물지』(서기 77년경)를 집필하였는데, 이 저서는 서기 1세기부터 16세기 초반까지 식물에 대한 주요 참고문헌 역할을 하였습니다. 플리니우스는 폼페이 화산폭발을 조사하다가 사망하였습니다.

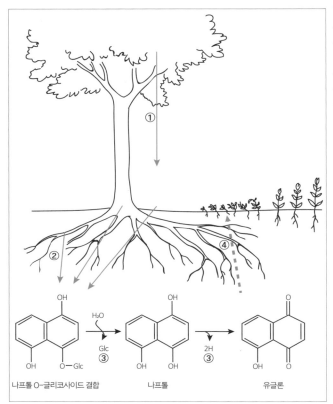

흑호두나무의 잎과 뿌리에서 분비되는 유글론은 주변 식물의 생육을 방해합니다. 흑호두나무의 뿌리가 뻗은 부분까지는 작물이 자라지 못하는 것을 볼 수 있습니다.

①

나프톨 O-글리코사이드 결합   나프톨   유글론

소나무가 곁을 내주는 송이버섯.

습니다. 평화롭고 조용할 것만 같은 식물사회에서도 치열한 경쟁과 전투가 끊임없이 벌어집니다.

그런데 자기 영역에 아무도 들이지 않는 소나무일지라도 송이가 자라는 것은 허락하니 그 또한 신기할 따름입니다. 소나무가 곁을 내준 몇 안 되는 친구라고나 할까요. 독불장군도 곁에 두고 아끼는 참모가 한두 명쯤은 있는 법이니까요. 소나무와 송이는 공생관계여서 서로 물과 양분을 주고받습니다. 송이는 최소 20년 이상 된 소나무 숲에서 잘 자라며 너무 오래된 솔숲도 꺼립니다. 아직 송이의 인공재배는 불가능하여 둘 사이의 공생관계가 더욱 신비롭습니다. 아무리 찬바람이 도는 사람도 누군가와는 절친한 사이일 수 있습니다. 마치 소나무와 송이처럼 말이죠. 아무튼 소나무는 '식물계의 덕장'은 되지 못하는 것이 분명합니다.

최근 근로기준법에 '직장 내 괴롭힘 금지'라는 준수사항이 포함되어 시행되었습니다. 직장 내 갑질 문화를 근절하자는 의도에서 시행된 이 법은 어쩐지 씁쓸하지만, 그만큼 불편부당하지 않다는 것을 의미하겠지요. 맡은 일에 유능하고 기쁨과 슬픔에 진심으로 공감할 줄 아는 상사, 명쾌하고 합리적이면서도 후덕한 상사를 누구나 원합니다. 덕장은 되지 못하더라도 독설과 갑질로 비판받는 상사는 되지 말아야겠습니다.

어려울 때 친구가 진정한 친구

歲寒松柏

세한송백

제주의 풍광은 아름답습니다. 가운데에 우뚝 선 한라산과 곳곳에 솟아오른 오름, 그리고 울창한 숲과 투명한 바다가 어우러진 경관은 다른 나라의 세계적인 풍치와 견주어도 손색이 없습니다. '혹시 팔이 안으로 굽어서 그런 건 아닐까'라고 생각하시는 분도 있겠지만, 그런 것만은 아닙니다. 유네스코(UNESCO)도 그 가치를 인정하여 2002년에는 생물권보전지역으로, 2007년에는 한라산천연보호구역, 거문오름 용암동굴계, 일출봉 등을 세계자연유산으로, 그리고 2010년에는 세계지질공원으로 지정하였으니, 이를 입증하는 것이지요.

근래에는 제주도로 일자리와 주거지를 옮기는 사람들이 부쩍 늘어났습니다. 제주도의 빼어난 경관과 쾌적한 환경은 외국인들에게도 매력 있는 곳으로 알려져 외국인 방문객 수가 급증하였습니다. 제주에 관광객이 급증하자 찬반 의견이 분분한 가운데 정부는 2025년 제2공항 완공을 목표로 시행에 들어갔다고 합니다. 제주관광공사가 실시한 2018년의 제주관광 수용력 연구 결과에 따르면 오는 2023년에는 제주도를 찾는 사람들은 한 해 약 2,000만 명이 넘을 것으로 예상합니다. 이것은 면적이 제주도의 약 1.5배인 하와이의 약 2배가 넘는 방문객 수입니다. 넘쳐나는 국내외 관광객으로 제주도에는 전에 없던 많은 문제가 속출하고 있습니다. 관광객들로 인한 교통 혼잡과 쓰레기, 소음 등으로 주민들이 불편을 겪을 뿐 아니라 환경문제로 대두되고 있습니다. 특히 관광에 대한 주민의 호감도를 나타내는 '심리적 수용력'에도 점차 한계를 드러내고 있다고 합니다. 게다가 서울 시내의 일부 지역에서나 나타나는 젠트리피케이션 현상이 제주도의 마을에도 나타나고 있다 하니 심각한 문제가 아닐 수 없습니다.

찾는 사람들이 너무 많아 문제가 되는 요즘과 달리 제주도는 한때 절해고도의 유배지이기도 했습니다. 제주도에는 이익, 송시열 등 많은 사람이 유배를 왔었고, 광해군도 제주에 유배되어 생을 마감했습니다. 제주에서 유배를 당했던 사람 중에서도 널리 알려진 분은 추사 김정희일 것입니다. 조선의 금석학파를 성립시키고 시서화에 능했던 김정희는 중국까지 널리 이름을 날렸지요. 곧잘 문자의 향과 책의 기운(文字香 書卷氣 문자향 서권기)으로 표현되는 그의 글과 그림은 당대를 넘어 지금도 독보적이라는 평가를 받고 있습니다.

대정의 추사 적거지. (사진 제공 이윤재)

　1840년 정쟁에 휘말려 제주도로 유배를 당한 김정희는 천애 고독의
나날을 버텼습니다. 제주도에서도 제주 관아가 있던 제주목이 아니라
비바람이 심한 서남쪽 대정현까지 쫓겨왔습니다. 유배는 사랑하는 사람
들과의 생이별을 뜻합니다. 그뿐 아니라 지금까지와는 전혀 다른 낯선
풍토에 몸과 마음이 버려졌으니, 그 삶은 처절할 수밖에 없겠지요. 그의
나이 55세, 날카로운 가시로 뒤덮인 탱자나무 울타리를 두른 작은 초가
에 위리안치된 추사는 회한과 그리움, 애절함으로 점철된 8여 년을 보냈
습니다. 그사이 사랑하던 부인의 부음을 접합니다. 평소 병약하던 부인
을 지극히 아끼던 추사로서는 청천벽력 같은 소식이 아닐 수 없었지요.
이렇게 모진 외로움 속에서도 그는 학문과 예술에 대한 끈을 놓지 않고
추사체를 완성했다고 하니 그의 타고난 천재성에 끈질긴 집념이 더해진

결과라 할 수 있겠습니다.

　말년에 고독한 삶을 보낸 추사였지만 수많은 제자가 있었습니다. 그중 우선(藕船) 이상적(李尙迪, 1804~1865)은 스승과의 옛정을 잊지 않고 지극한 마음으로 그를 모셨지요. 시문에 능한 통역관이었던 이상적은 중국을 10여 차례 왕래하면서 많은 책과 청나라의 금석문 자료를 스승에게 보냈고 스승의 글씨를 중국에 소개하였습니다. 그 당시 유배에 처한 죄인에게 소포를 배달하기가 쉽지 않았을 텐데, 그는 지난 세월의 스승과 제자 사이의 인연을 생각하며 스승을 충심(衷心)으로 대하였습니다. 또 험한 바닷길을 마다하지 않고 두 번씩이나 직접 스승을 찾아뵙기까지 하였지요.

　유배지에서 제자를 만난 추사는 얼마나 가슴이 저렸을까요. 추사는 고마움을 그림으로 표현합니다. 지금은 국보 제180호로 지정된 〈세한도

(歲寒圖)〉가 그것입니다. 단지 추사의 여러 그림 중 하나로만 생각할 수 있지만, 〈세한도〉가 그려진 내력을 설명한 발문에는 가슴속 저 밑에서 올라오는 뭉클한 절절함과 고마움이 배어 나옵니다.

작은 초옥을 중심으로 좌우로 서 있는 늙은 소나무와 잣나무가 전부인 그림은 황량함 그 자체입니다. 특히 가지 끝에 솔잎 몇 개만 달고 있는 메마르고 헐벗은 늙은 소나무는 당시 추사의 내면을 그대로 드러내는 듯합니다. 그런데 하고많은 나무 중에 하필 소나무와 잣나무를 그렸을까요? 〈세한도〉라는 화제(畵題)＊는 "날씨가 추워진 뒤에야 소나무와 잣나무가 푸르름을 안다(歲寒然後 知松柏＊＊之後凋 세한연후 지송백지후조)"라는 공자의 말씀에서 비롯되었습니다. 저는 학생들에게 소나무와 잣나무를 설명할 때면, 〈세한도〉 그림과 발문 전체를 복사한 유인물을 나누어줍니다. 선생이라는 제 직업 때문만은 아닙니다. 개인의 영달을 최우선으로 앞세우는 요즘에 신의의 의미와 가치를 되새겨 보라는 은연중 당부입니다.

공자의 말씀도 결국은 소나무의 생리와 생태에 대한 성찰에서 시작되 었겠지요. 모든 것에서 배움을 얻으려 마음을 열어놓았던 공자는 소나 무가 전하려 했던 메시지를 해석할 줄 알았던 것입니다.

소나무와 잣나무는 한겨울에도 푸른 잎을 달고 있는 우리나라의 대표 적인 침엽수입니다. 이러한 생리적 특징 때문에 소나무는 예부터 절개 와 지조의 상징으로서 많은 사람의 사랑을 받았습니다. 중국에서는 소 나무를 천자(天子)가 제사를 지내는 사직(社稷)에 심는 나무로 삼기도 했 습니다. 사마천의 『사기(史記)』에는 "송백(松柏)은 모든 나무의 으뜸(百 木之長 백목지장)으로 황제의 궁전을 수호하는 나무"라는 대목이 있고, 왕안석의 『자설(字說)』에는 "소나무에는 공(公)의 작위를, 잣나무에는

---

* "지금 세상의 인심은 권세와 이득만을 좇는데, 귀한 책을 구해 권세 있는 사람에게 보내지 않고 바 다 건너 초라한 노인에게 보내는구나. 사마천이 말하기를, '권세와 이득을 바라고 모인 자들은 그 것이 다하면 흩어진다'라고 하였다. 세상의 이러한 풍조를 초연히 벗어난 그대는 권세와 이익으로 나를 보지 않음인가, 아니면 사마천의 말씀이 그릇된 것인가? 공자께서 말씀하시기를 '날씨가 추 워진 뒤에야 소나무와 잣나무가 푸르름을 안다(歲寒然後 知松柏之後凋 세한연후 지송백지후조)' 라고 하셨다. 소나무와 잣나무는 본래 사계절 내내 잎이 지지 않는다. 추운 계절이 오기 전에도 소 나무와 잣나무요, 추위가 닥친 후에도 여전히 같은 소나무와 잣나무다. 그런데도 공자께서는 굳이 추워진 다음을 가리켜 말씀하셨다. 이제 그대가 나를 대하는 것을 보니, 유배를 오기 전이나 지금 유배 온 후에도 변함이 없다. (……) 공자께서 특히 추운 계절의 소나무와 잣나무를 말씀하신 것 은 늦게까지 시들지 않는 굳센 절개만을 뜻한 것이 아니라 날씨가 추워진 다음에 따로 느끼신 바 가 있었던 것이다."

** 우리나라에서는 송백(松柏)을 흔히 소나무와 잣나무로 번역하지만, 중국에서는 소나무와 측백 나무를 뜻합니다.

추운 겨울에도 독야청청하는 소나무.

백(柏)의 작위를 주었다"라는 대목이 있습니다. 소나무와 잣나무를 매우 귀한 나무로 여겼다는 의미겠지요. 게다가 우리나라에서는 소나무를 화목류 중에 제일로 쳤고 소나무에 '정이품'이라는 벼슬을 내리기도 해서인지, 조선시대에는 소나무에 바치는 글과 그림이 무척 많았습니다. 스스로 뿌리내린 터에서 조금도 동요하지 않고 일이관지하는 소나무에서 올곧은 선비의 풍모를 엿볼 수 있었던 모양입니다.

소나무나 잣나무의 바늘잎은 평생 달려 있는 것이 아닙니다. 바늘잎의 수명은 보통 3~5년인데 오래된 잎이 떨어지기 전에 새잎이 나기 때문에 항상 푸른 것처럼 보입니다. 이렇게 몇 년씩이나 잎이 그대로 매달려 있어 매년 잎을 떨구는 낙엽활엽수보다 대기오염에는 더 오랫동안 노출되었다고 할 수 있겠지요.

요즘에는 궁궐 복원이나 숭례문 복원 사례처럼 건축용 부재로 쓰이는 소나무를 구하기가 매우 어렵지만, 조경수나 정원수로 쓰이는 소나무는 도심에서 자주 볼 수 있습니다. 강원도의 늘씬한 소나무들이 상경한 것인데요. 불과 십수 년 사이에 소나무가 서울뿐 아니라 전국 어디를 가나 도심에 가로수로, 또는 공원수로 심겨 있습니다. 가뜩이나 쏠림현상이 심한 우리나라에서 요즈음은 소나무 르네상스 시대처럼 보입니다. 도시인들에게 푸르름과 옛 정취를 느끼게 해주는 점은 좋지만, 소나무에는 매연과 오염이 심한 도심이 쾌적한 환경은 아닙니다. 예전에는 나무 중의 으뜸으로 칭송받던 산속의 소나무가 도시로 끌려와(?) 고초를 겪고 있는 것을 보면 때로는 안쓰럽기까지 합니다. 소나무가 도심의 조경수

도심에 유배 온 소나무. 세한송백(歲寒松柏)의 의미를 전하려는 듯 소나무는 매연과 오염을 견디며 오늘도 고층빌딩 앞을 지키고 서 있습니다.

로 사용되기 시작한 것은 그리 오래되지 않았습니다. 근래에 도심에 소나무를 심는 것이 전국 지자체까지 유행처럼 번지자, 2010년 한국조경학회에서는 '도심에 소나무를 식재하는 것이 적당한가'에 대한 토론이 있었습니다. 예상했듯이 결론은 쉽사리 나질 않았지요. 도심 가로환경을 개선하고 우리 민족의 정서에 부합된다는 점을 들어 찬성하는 측이 있는 반면, 다른 한편에서는 병충해와 공해 등에 약한 점, 녹음수로서의 기능이 부족한 점, 겨울철 염화칼슘의 피해가 심각한 점을 들어 반대 의견을 제시하였습니다. 그러나 배수와 관수 등 사후 관리를 철저히 해야 한다는 점은 양측 모두 수긍하였습니다.

소나무가 도심의 가로수로 최적은 아니지만, 소나무를 사랑하는 우리가 자꾸 도시로 끌고 옵니다. 혹시 소나무를 늘 옆에 두고 싶어 하는 우리의 이기심 때문은 아닐까요. 어쩌면 소나무가 사람들의 이런 욕심을 특유의 굳은 의지와 인내심으로 버텨내는 것인지도 모릅니다. 도심의 교차로 교통섬에 외로이 서 있는 소나무를 보면 제주도로 유배당한 추사 선생이 떠오릅니다. 아무튼 현대의 도시민들에게 세한송백(歲寒松柏)의 의미를 전하려는 듯 소나무는 매연과 오염을 견디며 오늘도 고층빌딩 앞을 지키고 서 있습니다.

흔히 "정승집 개가 죽으면 문상객이 넘쳐나고, 정작 정승이 죽으면 문상도 가지 않는다"라는 말이 있지요. 권력과 명예의 허망함을 잘 비유한 말입니다. 염량세태는 예나 지금이나 변함이 없나 봅니다. 이상적의 충심이 그래서 더 돋보입니다. '절개'와 '지조'는 조선시대의 용어가 되었습니다. 표리부동하고 꼼수가 넘쳐나는 현대 사회에서 절개와 지조, 군자라는 단어는 이미 외래어처럼 들립니다. 추사는 〈세한도〉의 그림 오른쪽 아래에 붉은 인장 하나를 찍습니다. 長毋相忘(장무상망)!*

---

* 장무상망(長毋相忘)은 중국 한나라 때 사용된 와당에 새겨진 전서체의 글로, '그대 마음을 오래도록 잊지 않겠네, 자네 또한 나를 잊지 말게나'라는 뜻입니다.

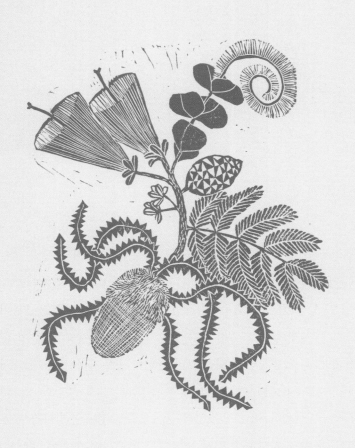

따로 또 같이

共存共榮

공존공영

매난국죽(梅蘭菊竹). 매화, 난초, 국화, 대나무. 조선시대 선비들이 시서화로 앞다투어 칭송하던 사군자입니다. 그중 우리나라 토종식물이 아닌 것은 어떤 것일까요? 답은 매화입니다. 원산지가 중국 쓰촨성이니 외래종인 셈이지요. 언제 우리나라에 유입되었는지 자세히 알 수 없으나, 『삼국사기』에 등장하는 것을 보면 우리나라에 자리 잡은 지가 거의 1,500년 가까이 됩니다. 그 정도 역사면 토종으로 봐도 무방할 것입니다만, 엄밀한 잣대를 들이대면 그렇다는 이야기입니다. 우리나라 가로수의 대표선수인 은행나무도 역시 중국에서 오래전에 도입된 것입니다. 태초부터 이 땅에 자랐을 것 같은 식물도 자세히 보면 외래종이 제법 됩니다. 우리나라의 토종 식물로 알고 있는 매화나 은행나무뿐 아니라, 살구나무나 석류 등도 오래전에 중국에서 넘어온 나무입니다. 정착한 지가 오래다 보니 원래부터 한반도에 살아온 나무로 여기게 된 겁니다. 한편 외국에서 건너온 동식물이 우리나라의 자연생태계에서 도태되지 않고 자력으로 토착하여 나름대로 공존하면서 살아가는 것을 귀화동식물이라고 하는데, 정착 역사가 매우 오래된 은행나무는 사전귀화식물*이라 부르기도 합니다.

전 세계가 가까워지면서 외국에서 직간접적으로 들어오는 동식물이 무척 많습니다. 환경부 조사에 따르면 그동안 우리나라에 유입된 동물은 1,900여 종, 식물은 400여 종에 이르고 동물 중에는 어류와 파충류가 가장 많다고 합니다. 과거에는 식용을 위해 도입된 동물이 많았다면 최근에는 애완용이나 관상용 동물이 증가하는 추세입니다.

이렇게 들여온 외래 동식물 때문에 우리나라의 생태계가 심각하게 위협받고 있다는 말을 많이 합니다. 그런데 다윈의 진화론이 태동한 장소인 태평양 한가운데의 섬 갈라파고스도 같은 문제를 안고 있습니다. 2,000명도 채 되지 않던 갈라파고스의 주민이 몇 년 사이에 약 3만 명으로 늘고 관광객도 증가하면서 외래종의 유입이 심각하게 늘었다고 합니다. 그 결과 이구아나와 갈라파고스거북, 바다사자 등이 사는 갈라파고

---

* 국립수목원의 연구보고서에는 사전귀화식물을 '개항(1876년) 이전에 도입되어 국내에 토착화된 식물로 정확한 유입시기 및 경로를 밝히기 어려운 외래식물'이라 정의하였습니다(국립수목원 지음, 『한국 침입 외래식물의 이해』, 2016). 그러나 사전귀화식물(史前歸化植物)을 역사 이전, 즉 선사시대에 외국에서 들어온 식물에 대한 통칭으로 사용하기도 합니다.

스의 생태계도 위협받고 있다는군요. 외래 생물종 유입과 그 폐해는 우리만의 문제가 아닌 모양입니다.

우리나라에도 1960~1970년대를 중심으로 외래종 도입이 본격화되었는데, 아쉽게도 대부분 성공적이지 못했습니다. 당시에는 생태계 전반에 관한 정보와 관심이 적었고 의외의 결과에 대비하지 못한 측면이 많습니다. 그렇게 도입된 생물 중에는 득보다 실이 많은 경우가 대부분이었지요. 심지어 생태계를 교란하거나 피해를 주기까지 했으니까요. 대표적인 사례가 황소개구리, 베스, 블루길, 뉴트리아, 붉은귀거북 등인데, 이들 대부분의 외래종들은 식욕과 번식력이 강한 것이 특징입니다.

외래종의 대명사가 되어버린 황소개구리는 원산지가 북미지역으로 1970년대 일본에서 식용으로 수입했습니다. 그러나 판매가 부진해지자 점차 야생에 무단 방류했고 천적이 없던 황소개구리는 급속도로 퍼졌습니다.** 1980년대 모피와 식용을 목적으로 남미에서 수입한 뉴트리아도 경제성이 떨어진다는 이유로 농가에서 사육을 포기하거나 관리를 소홀히 한 결과, 사육지 인근의 남한강이나 낙동강 등지에 정착했습니다. 또한 생태계보전지역이며 람사르 습지로 지정된 창녕의 우포늪에도 뉴트리아가 서식하는 것으로 알려져 있습니다. 이들 동물은 우연히 국내에 유입된 종들이 아니라 식용과 모피라는 분명한 목적을 가지고 도입한 외래종들이라 더욱 낭패스럽습니다. 예전에는 귀빈 대우를 해가며 수입했지만, 현재는 골치 아픈 천덕꾸러기가 되어 퇴치해야 할 대상으로 전

** 천적이 없던 황소개구리도 최근 토종 어류인 가물치와 메기가 천적으로 알려지고 있습니다.

생태계 교란종 황소개구리. 최근 토종 어류인 가물치와 메기가 황소개구리의 번성을 막을 수 있는 것으로 알려졌습니다.

덩굴식물인 가시박은 토종식물을 뒤덮어 성장을 저해합니다.

락해버린 것이지요.

외국에서 들어와 우리 생태계를 교란하는 것은 동물뿐이 아닙니다. 대표적인 생태계 교란 외래식물로는 가시박이 있습니다. 북미가 원산지인 가시박은 이름처럼 종자에 가시가 붙어 있습니다. 일년생 덩굴식물로 다른 식물을 뒤덮고 자라기 때문에 토종식물의 생장과 광합성을 저해합니다. 더구나 한 개체당 수천 개의 종자가 달리며 종자에는 가시가 많아 제거하기가 무척 곤란합니다. 이처럼 무분별한 외래종의 수입이나 의도치 않게 도입한 생물종이 우리나라의 생태계에 영향을 끼치기도 합니다. 특히 생태계의 먹이사슬 맨 아래에 있는 식물보다 상위에 있는 동물의 위해성이 더 심각하다고 할 수 있습니다.

한편 몇몇 유해성이 부각된 생물종 때문에 외래종 전체가 쓸모없이 해만 끼치는 종으로 오인당하기도 합니다. 그러다 보니 언제부턴가 토종은 좋은 것, 외래종은 나쁜 것이라는 이분법적인 인식이 늘어났습니다. 외래종이라고 전부 나쁜 녀석들만 있겠습니까. 생태계 교란종에서도 유용한 성분을 함유한 동식물이 많아 산업 소재로서의 잠재력을 가지고 있기도 합니다. 최근 뉴트리아의 담즙에서 웅담과 같은 성분이 검출됐다는 연구 결과가 나오고 농작물과 과수에 피해를 주고 있는 꽃매미도 항알레르기 성분이 함유된 것으로 확인되어 주목받고 있습니다. 또한 단풍잎돼지풀, 미국자리공, 아까시나무는 항균력이 뛰어나 항바이러스 효과와 치주염을 치료하는 효과를 가진 것으로 나타났습니다. 독도 약이 될 수 된다는 말이 실감납니다.

자연생태계를 심각하게 교란하는 외래종은 철저히 방제해야 하지만, 오랫동안 우리나라에 정착해 살아온 외래종은 우리의 생태계에 어느 정도 안정화된 것들도 많습니다. 이미 자연 상태에서 자라는 외래종은 나름의 생태적 위치를 확보하며 토종과의 공존이 가능합니다. 이들 외래종을 완벽하게 제거하기는 불가능하며 방제작업이 생태계에 또 다른 변화를 초래한다는 견해도 있으니 신중히 검토해야 합니다.

길가에 피는 수많은 꽃 중에는 아메리카와 유럽 등지에서 수입된 것들이 많습니다. 특히 원예품종은 외래종이 다수를 차지합니다. 보라색 꽃이 무리 지어 피어 사람들이 좋아하는 꽃잔디, 여름철 도로변에서 흔히 볼 수 있는 노란 꽃의 루드베키아는 북미와 남미가 자생지입니다. 반려동물을 키우는 인구가 천만을 넘었고 키우는 외래동물도 넘쳐납니다. 동식물뿐 아니라 유무형의 외국 산물과 문화도 피하기 어렵습니다. 수천 킬로미터 떨어진 남미에서 생산한 과일과 수산물이 우리 식탁에 오르고 우리의 김치가 뉴욕의 미식가들을 사로잡습니다.

세계가 점차 좁아지면서 동식물뿐 아니라 다양한 문화가 혼재되고 재생산되는 것이 어느새 우리의 일상이 되었습니다. 정보통신 및 운송기술의 발달로 접점이 많아지면서 자연스럽게 다양한 문화를 접합니다. 언제부턴가 다문화가정, 다문화사회, 다문화주의 등 다문화라는 말을 자주 듣습니다. 한류의 붐에 힘입어 많은 외국인이 우리나라를 찾고 결혼이주여성과 이주노동자들이 증가하면서 우리나라도 다문화사회로 진입하고 있습니다.

그런데 오랫동안 단군자손의 단일민족을 자랑으로 여기며 살아온 우리의 지난 역사 때문일까요. 아니면 빈번한 외세 침략과 일제강점기의 치욕스러운 과거가 머릿속에 깊이 뿌리내린 탓일까요. 우리나라에 정착하는 외국인에 대한 부정적 의견이 있는 것도 사실입니다. 일자리뿐 아니라 민족 문화마저 빼앗길 수 있다는 위기의식이 잠재해 있을 수 있겠지요. 허나 원래 살던 원주민을 내쫓고 외국인이 나라를 통째로 차지한 극단적인 사례는 지금 세상에서는 있을 수 없는 일입니다.

다문화의 정착은 소통과 이해, 그리고 존중과 수용이 전제되어야 합니다. 여성가족부가 우리 국민의 다문화 수용성을 조사한 결과를 보면 성인과 청소년 사이의 인식 차이가 있는 것으로 나타납니다. 성인들은 단일민족에 대한 신념이 약화하였지만, 다문화에 대한 거부감은 여전한 것으로 조사되었습니다. 반면에 청소년들은 다문화에 대한 수용성이 개선되었는데, 외국인과 이주민이 증가한 환경을 자주 접하는 데다 지속적인 다문화 이해 교육의 영향으로 풀이됩니다. 그러나 우리가 가지고 있는 다문화에 대한 인식의 변화는 국내 사정에 따라 크게 달라질 수 있을 것입니다.

최근 십수 년 동안 많은 외국인이 우

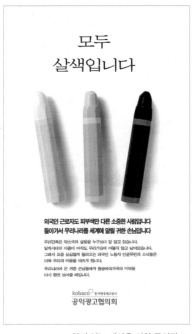

차별 없는 세상을 위한 공익광고.

리나라에 들어와 한 가족이 되고 우리 사회의 중요한 구성원으로 자리 잡았습니다. 우리 사회가 그들에게 기댄 바 또한 큽니다. 50여 년 전 독일이나 40년 전 사우디아라비아에 파견된 우리 국민이 떠오릅니다. 현재도 전 세계 곳곳에 사는 교민과 유학생을 생각한다면, 역지사지의 자세가 필요합니다. 물설고 낯선 타지에서 살아본 사람은 압니다. 부초와 같은 느낌이 얼마나 힘든지를. 해외에 나가면 우리도 외국인이 된다는 것을 누구나 알지만, 집에 돌아오면 이내 망각하는지도 모릅니다. 그것을 깨닫고 실천하기가 그리 어려운 것은 아닐 텐데, 처지에 따라 이해의 폭이 달라집니다.

어느 한 재료가 전체의 맛을 지배하지 않는
민주적이고 조화로운 음식, 비빔밥.
(사진 제공 서경덕+무한도전)

다문화사회가 순기능만 있는 것은 아닐 테지요. 외래종 유입도 마찬가지입니다. 외래종이 토종을 전부 잠식한다면, 토종생태계가 그만큼 부실하다는 것일 수도 있습니다. 토종생태계가 건강하면 외래종에 대한 어느 정도의 저항성이 있어 크게 흔들리지 않습니다. 다문화사회도 그런 시각으로 바라볼 수 있지 않을까요.

흔히 한국의 대표적인 음식으로 불고기와 김치를 꼽습니다. 그런데 비빔밥은 또 하나의 색다른 우리 음식입니다. 각기 다른 재료들이 본연의 맛을 지키면서도 조화를 이루어 전체의 맛을 끌어올리는 묘한 매력이 있는 음식이지요. 비빔밥은 재료의 다양성도 중요하지만 재료간의 양과 맛의 균형 또한 중요합니다. 어느 한 재료가 전체의 맛을 지배하지 않는 민주적이고 조화로운 음식. 맛과 영양을 모두 만족시키는 우리의 비빔밥에서 다문화사회의 문제를 해결하는 실마리를 찾아볼 수는 없을까 생각해봅니다.

문화는 민족이나 언어, 계급이나 성, 지역에 따라 고유한 특징을 가지고 있어 하나의 잣대로 평가할 수 없습니다. 다름을 인정하면서도 전체를 조화롭게 이끌어나가야 다문화의 순기능이 발현됩니다. 생물 다양성 못지않게 문화 다양성을 강조하는 것은 세계적 추세입니다. 의도했든 의도하지 않았든 공존동생(共存同生)의 시대를 이제 막을 수 없습니다. 다만 피할 수 없는 상황이라면 이해하고 수용하여 공존공영(共存共榮)의 해법을 찾는 길밖에 없습니다.

3부

끝내
살아남기

저마다의 길을 찾다

各自圖生

각자도생

붙박이 인생. 식물이 동물과 다른 점 중의 하나는 평생을 한곳에 뿌리 내리고 살아야 한다는 것입니다. 하지만 식물도 자유롭게 움직일 수 있는 때가 있는데, 씨앗일 때입니다. 겨우 손톱보다 작은 물체에서 커다란 나무로 자라는 것을 보면 씨앗은 참으로 경이롭고 신비한 물체입니다. 대부분의 식물은 한 해의 결과물인 씨앗의 산포에 총력을 기울입니다. 바람에 잘 날릴 수 있도록 씨앗에 가벼운 털이나 날개를 붙이거나, 새들을 유혹하기 위해 달콤한 과육 속에 씨를 숨기기도 하고, 씨앗에 갈고리를 달아 동물의 털에 달라붙어 퍼지기도 합니다. 가지에서 떨어진 씨앗은 이처럼 동물에 의해, 바람에 의해, 때로는 물과 함께 긴 여행을 떠납니다. 나무에게서 멀리 떨어질수록 영역을 넓힐 수 있기 때문에 부단한 노력을 합니다.

한여름의 뜨거운 햇빛을 받아 영근 씨앗들은 각자 흩어져 혼자 살아갈 채비를 합니다. 이제부터는 자신의 힘만으로 역경을 헤쳐가야 합니다. 나무 곁을 떠난 씨들은 환경에 적응해가며, 제각각의 운명에 따라 일생을 겪을 테지요. 씨앗들의 각개전투가 본격적으로 시작되는 것입니다. 때로는 싹을 틔워보지도 못하고 썩어 없어지고, 싹은 간신히 틔웠으나 얼마 버티지 못해 죽거나 동물의 먹이가 되기도 합니다.

도토리는 다람쥐의 주된 양식입니다. 다람쥐는 곤충이나 과일도 먹지만 도토리를 제일 좋아 하는데 다람쥐는 도토리나 밤을 바로 먹지 않고 땅속에 비축해놓는 습관이 있습니다. 추운 겨울을 대비하는 것이지요. 잣까마귀도 비슷한 습성을 가졌습니다. 길고 날카로운 부리로 잣 솔방울에서 종자를 파내 바로 먹기도 하지만, 나중에 먹으려고 외진 곳에 묻어둡니다. 그런데 다람쥐나 잣까마귀가 땅속에 숨겨놓은 그 많은 열매들을 모두 기억할 수는 없습니다. 그 결과 다음해 봄에 그곳에서 참나무와 잣나무의 어린 싹이 자라납니다. 결국 이 동물이 도토리와 잣을 땅속에 심어놓은 셈이라 열매들에게는 생명의 은인인 것이지요. 어떤 것은 동물의 먹이가 되지만, 운 좋은 것들은 다람쥐와 잣까마귀 덕분에 기사회생하기도 합니다. 각자의 운명에 따라 삶과 죽음이 갈리는 것은 식물도 마찬가지인가 봅니다.

잡초를 제외하고는 도심에서 씨를 퍼트려 후대를 이어가는 경우는 드뭅니다.* 도시는 나무들이 씨를 퍼트려 스스로 뿌리를 내리고 살기에는 불편한 환경과 공간이기 때문이겠지요. 도심의 가로수나 공원의 나무들은 사람이 어린나무를 직접 심어 기르고 가꾼 것들이 대부분입니다.

식물에게는 척박한 도심에서 살아남는 것들은 강한 생명력을 가진 녀석들이지요. 이들에게는 다른 식물들과의 경쟁보다 더 어려운 과제가 있습니다. 매연과 오염, 아스팔트와 시멘트, 오폐수 등 열악한 환경을 극복해야 합니다. 도심의 식물에는 하늘과 땅, 어디 하나 만만한 게 없습니다. 그렇기 때문에 도시의 잡초와 농촌의 잡초는 그 종류가 다릅니다. 도심의 나무 또한 심산유곡의 나무들과는 다른 종들이 대부분입니다. 게다가 도심의 가로수나 공원수로 적당한 나무들은 한정되어 있습니다. 대표적인 도시 가로수로는 은행나무와 양버즘나무입니다. 이 나무들은 대기오염에 대한 내성이 강하고 척박한 환경에서도 잘 견딜 수 있다는 공통점이 있지요. 최근에는 느티나무와 소나무도 도심의 녹음수나 풍치수로 자주 식재되지만, 그 생장이 변변치 않습니다. 느티나무나 소나무는 도시보다 마을 주변이나 숲속이 훨씬 낫겠지요. 도시의 가로수와 공원수는 스스로 그 자리를 선택한 것이 아닙니다. 사람에게 '차출'되어 도시에서 사는 것입니다.

그런데 도심에서도 씨를 퍼트려 스스로 터를 잡고 뿌리를 내리는 나무들도 있습니다. 대표적인 나무가 가죽나무인데요. 가죽나무는 매연과 오염이 많은 도심에서도 잘 자랍니다. 실제로 서울 도심 한복판인 경복궁의 동쪽 건춘문 주변의 가로수로 잘 자라고 있습니다. 열매는 단풍나무

---

* 본문 181쪽 〈적응한 자만이 살아남다〉 참조.

생명력이 강한 가죽나무.
도심 하수구에서 떨어진 씨앗에서도 뿌리를 내려 자라납니다.

처럼 종자 주변에 날개가 달려 있어 바람을 타고 이리저리 날아갑니다. 가죽나무 씨앗의 생명력은 아주 강해 상상 외의 장소에서도 싹을 틔우고 의젓한 나무로 성장합니다. 도심의 보도블록 사이나 석축 틈은 물론이고 어디 빈 땅이라도 있으면 터를 잡습니다. 심지어 도심 한옥의 기왓장 틈새나 하수구에서도 뿌리를 내려 자랍니다. 기왓장 틈은 흙과 석회, 시멘트 등을 섞어 만든 모르타르를 채우는데, 틈새의 흙 속에 있는 미량의 양분과 비가 올 때 모아둔 적은 양의 수분으로 싹을 틔웁니다. 가죽나무의 씨앗은 스스로 제 살길을 찾아 억척스럽게 살아갑니다.

씨앗들은 사방으로 퍼져나가지만, 삶과 죽음은 각자의 몫입니다. 각자

바위틈에 뿌리를 내린 소나무. 영양이 풍부한 흙 속에 뿌리내린 것보다 훨씬 고된 삶을 살아가야 합니다.

도생(各自圖生)은 씨앗부터 시작됩니다. 같은 나무의 자식이더라도 환경이 다르면 운명도 달라지는 법이지요. 영양분이 많은 땅에 씨가 떨어지면 편안한 일생을 살지만, 바위틈이나 인공 구조물의 틈새처럼 열악한 장소에 떨어지면 평생을 힘들게 살 수밖에 없습니다. 애써 자리를 잡은 씨앗들은 싹을 틔우기에 적당한 환경을 기다립니다.

씨앗 속에는 양분이 저장되어 있어, 추위와 가뭄에도 버틸 힘이 있지요. 또 수분이 거의 없는 상태이므로 곰팡이의 감염에도 견뎌낼 수 있습니다. 그렇기 때문에 최악의 환경에서도 때를 기다리며 에너지를 아꼈다가 적당한 여건이 되면, 잠에서 깨어나 본격적인 힘을 발휘합니다. 우리나라처럼 온대지방에서는 봄의 따뜻한 기온이, 건조한 사막지대에서는 갑자기 내리는 폭우가 그때를 알리는 알람 역할을 하지요. 추운 지역에서는 수천 년을 버티며 기회를 엿보는 식물의 씨앗들도 있습니다.

경남 함안에는 백설공주 이야기처럼 오랜 잠에서 깨어난 전설과 같은 씨앗의 이야기가 있습니다. 옛 가야의 고도인 경남 함안의 성산산성의 중앙에는 과거 연못의 터가 남아 있는데, 2009년 5월 연못 터를 발굴하던 중 여러 개의 연꽃 씨가 발견되었습니다. 한국지질자원연구원의 연대 측정 결과, 지금으로부터 700여 년 전의 연 씨로 밝혀졌습니다. 고려시대에 살았던 연의 씨앗이라니 놀랍지 않습니까. 그 오랜 시간 동안 땅속에 묻혀 때를 기다리던 연 씨가 드디어 우리 앞에 모습을 드러낸 것이지요. 발견된 씨앗 중 3개가 관련자들의 노력 끝에 싹을 틔우고, 2010년에는 드디어 연꽃을 피웠습니다.* 당시에는 수많은 연 씨가 떨어졌겠지만, 우연히 한두 개의 씨앗만 살아남았습니다. 생에 대한 의지와 욕망이 얼마나 강했을까. 삶에 대한 확고한 믿음과 확신이 700여 년을 버티게 한 것이겠지요.

14세기 고려시대에서 21세기 최첨단시대로 순간이동한 연꽃. 700여 년의 시간을 가로질러 우리에게 말을 걸어옵니다. 우리 앞에 그 모습을 드러낸 연꽃의 자태에 감탄과 찬사가 쏟아졌습니다. 마침 연한 분홍색의 꽃을 피우는 홍련이어서 '아라홍련'이라는 이름을 붙였습니다. 아라홍련이란 이름은 함안 지방이 과거 아라가야(阿羅伽倻)라고 불리던 고도였다는 것에서 유래했다고 합니다. 한여름 함안박물관에 가면 가야시대

---

* 중국 랴오닝성에서는 1,300여 년 된 연의 씨앗이 발아한 사례도 있습니다.

700여 년을 홀로 살아남아 우리 앞에 그 아름다운 자태를 보여준 아라홍련. 고려 불화에 그려진 연꽃이 환생한 듯합니다.

경남 함안 박물관 앞에
전시된 아라홍련.
(사진 제공 조영한)

연꽃의 후예들이 펼치는 감동스러운 연꽃 향연을 볼 수 있습니다. 수백 년간 땅속에서 잠을 자던 씨앗이 시공간을 훌쩍 뛰어넘어 꽃을 피운 감동적이고 극적인 사례지요. 수많은 연 씨 중에 700여 년을 홀로 살아남아 우리 앞에 그 아름다운 자태를 보여주니, 고려 불화에 그려진 연꽃이 환생한 듯합니다. 이쯤 되면 각자도생의 의미를 다시 한 번 되새기게 합니다. 함안군에서는 2011년부터 2018년까지 매년 채취한 아라홍련 종자를 연도별로 각 20점씩, 총 160점을 국립백두대간수목원의 종자보관소인 시드볼트(Seed Vault)*에 기탁했다고 합니다. 이제 아라홍련의 씨앗은 영구히 보관될 수 있겠지요.

비슷한 예는 일본에서도 있었습니다. 1982년 일본의 고대 야요이(彌生)시대**의 주거지를 발굴하다가 그곳에 살았던 부족의 구덩이를 발견했습니다. 곡식을 저장했던 곳으로 바닥에서는 그을린 벼의 낟알 외에 이름 모를 씨앗이 발견되었습니다. 사람들은 씨앗을 채취하여 정성스레 심고 가꾼 결과 싹을 틔웠는데, 되살아난 식물은 목련이었지요. 목련이 잠에서 깨어나 자라기 시작하여 11년째에는 꽃까지 피웠습니다. 야요이 시대는 지금으로부터 2,000여 년 전 일이니 목련의 씨앗은 2,000여 년을

---

* Seed(씨앗)와 Vault(금고)의 합성어로 지구온난화 등 기후변화로 생존 위협을 받는 백두대간 지역의 고산식물 종자를 수집하여 보관하는 영구보전시설을 말합니다. 국제적으로 유명한 종자 저장고는 2008년에 북극 노르웨이령 스발바르 제도에 세운 스발바르 국제 종자 저장고(Svalbard Global Seed Vault)입니다. 3개의 지하 저장고에 1,500만 종의 씨앗 표본을 보관할 수 있는 시설을 갖추고 있으며, 현재 세계 각국에서 보내온 약 450만 종의 씨앗을 저장하고 있다고 합니다.

** 일본의 야요이시대는 대략 기원전 3세기부터 기원후 3세기 즈음으로 벼농사가 시작되고 청동이나 철 금속을 사용한 시기로 초기 철기시대를 말합니다. '야요이'라는 명칭은 1884년 패총에서 청동기시대의 토기가 처음 발견된 도쿄의 지명에서 유래했다고 합니다.

땅속에서 때를 기다리듯 인내하며 살았습니다. 목련 씨앗의 놀라운 집념이 아닐 수 없지요.

씨앗이 발아하는 데는 온도와 수분이 중요한 역할을 합니다. 또 싹을 틔운 후에는 광합성을 해야 하므로 햇빛도 발아의 중요한 요인이 되지요. 한 나무에서 맺힌 씨앗일지라도 모두 한꺼번에 발아하는 것은 아닙니다. 그럴 경우 이상 기온이나 가뭄 등의 불리한 조건에 전부 피해를 볼 수 있습니다. 씨앗이 각자 알아서 시차를 두고 주변 환경에 맞게 싹을 틔워야 살아남는 데 유리하다는 것을 깨달은 것이지요.

부모님께서는 자식을 낳아 애지중지 기르지만, 어느 순간부터는 각자가 알아서 인생을 헤쳐가야 합니다. 같은 부모 밑에서 태어난 자식도 제각각의 운명과 노력대로 살아갑니다. 주변의 도움을 받을 수 있겠지만 한계가 있지요. 때로는 국가나 사회, 심지어 가족조차 나를 보호해줄 수 없는 상황이 발생합니다. 최근 각종 사건 사고를 볼 때면 '제각기 살아날 방법을 스스로 찾아야' 하는 냉혹한 현실을 절실히 깨닫습니다. 김난도 교수는 우리 시대의 이런 현상을 두고 "no one backs you up(당신을 후원해주는 사람은 아무도 없다)"이라고 하였습니다. 안타깝지만 여러 상황이 우리를 점점 더 각자도생의 길로 내몰고 있습니다. 가끔은 고립무원의 땅속에서 어려움을 견뎌낸 아라홍련의 의지를 본받고 싶습니다.

힘겹게 살아가는 우리 이웃

孤軍奮鬪

고군분투

　달동네. 정겹고도 애틋한 느낌이 드는 단어입니다. 어릴 적, 소위 달동네라는 곳에 살았던 때가 있었습니다. 서울의 외곽 북한산 끝자락 즈음에 자리 잡은 우리 동네는 사방에 판잣집이 들어서 있었고 공동화장실은 몇 집 건너 하나씩 있었습니다. 아마 동네의 중간 즈음에 공동우물도 있었던 것으로 기억납니다. 그때는 매끼 무엇을 먹느냐가 가장 중요한 관심사여서, 우리의 처지와 주변 사람들의 생활에는 무관심하였지요. 다들 그런 곳에 그냥 그렇게 사나 보다 하고 어린 시절을 보냈습니다. 옆집이나 그 옆집도 먹고 사는 것이 고만고만하던 시절이었으니까요. 동네에서 유일하게 TV가 있는 집에 모여 김일 선수의 박치기에 환호했고, 동네 주민이 모두 모여 미국의 아폴로 11호가 세계 최초로 달나라에 착

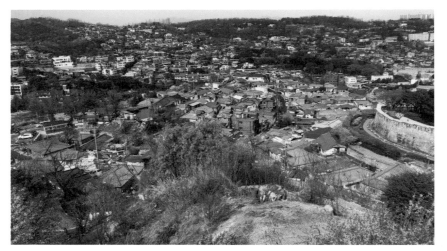
어려운 환경 속에서도 희망의 끈을 놓지 않는 달동네, 북정마을. 2015년 서울시 미래유산으로 지정되었습니다.

륙하는 장면을 지켜보았던 곳도 그곳이었습니다. '달동네'에서 '달나라'
에 착륙하는 우주선을 보는 것이라니, 지금 생각해보면 묘한 오버랩이
아닐 수 없지요.

집들이 가까이 붙어 있어 옆집의 밥 짓는 냄새도 맡고, 싸우는 소리도
듣다 보면 가까이 지낼 수밖에 없을 뿐 아니라 뜻밖의 인내심도 요구되
었습니다. 특히 공동 화장실을 같이 쓰는 주민들끼리는 대단한 참을성
이 필요했지요. 용무가 급하다고 아무 때나 화장실을 사용할 수 없는 노
릇이다 보니, 누군가가 화장실을 선점하여 볼일을 볼라치면 얼굴이 벌
게질 때까지 참는 수밖에 달리 방법이 없었습니다. 아침에는 화장실 앞
에 줄을 길게 서는 진풍경이 펼쳐지기도 했고요.

달동네에 사는 사람들은 대부분 몇 가지의 공통점을 가지고 있습니다.

낙엽활엽수와의 경쟁에 밀려 산능선에 터를 잡은 소나무(진녹색). 달동네 주민을 닮아 있습니다.

경제적으로 어렵지만, 이웃과의 유대감이 높고, 힘든 일들에 익숙해져 인내심이 강하다는 점이지요. 공통분모를 가진 사람들끼리 모여 사는 것이라 그런 대로 살만했습니다. 그들은 치열한 경쟁에 뒤처져 어려움을 겪으면서도 같이 모여 사는 이웃과는 따스한 정을 나누는 사람들이었습니다. 어려운 상황에서도 희망의 끈을 놓지 않고 견뎌내는 사람들이 모여 사는 곳이 달동네이지요. 옆집에 누가 사는지 알 수도 없고, 관심도 없는 강 건너 동네와는 다른 모습입니다. 새롭게 개발되어 번듯한 도시의 틀을 갖춘 서울의 강남에는 달동네라고 할 만한 곳이 별로 없지만, 강북에는 아직도 달동네라고 부르는 곳이 몇 곳 남아 있습니다. 산비탈을 낀 서울 성곽 주변의 달동네는 그사이 한국관광공사와 문화체육관광부에서 시행하는 여행프로그램에 등장하는 관광 명소가 되기도 했지요. 과거 어려운 사람들의 생활 터전이었던 달동네가 최근에는 관광지로 주목받고 있으니, 격세지감을 느끼지 않을 수 없습니다.

그런데 달동네에 모여 사는 사람들을 생각하면 왠지 모르게 소나무가 떠오릅니다. 소나무는 우리 사회로 치면 달동네에 사는 주민이라고 할 수 있지요. 달동네의 사전적 정의는 '산등성이나 산비탈 따위의 높은 곳에 가난한 사람들이 모여 사는 동네'인데, 소나무가 바로 그런 곳에 터를 잡습니다. 특히 산등성이는 바람이 많고 건조할 뿐 아니라 산비탈의 아래쪽보다 토양 속의 수분과 양분도 적습니다. 내건성이 강하고 척박한 땅에서도 견디는 소나무는 주로 이런 곳에 군락을 이루며 살고 있습니다. 마치 어려운 환경에도 꿋꿋이 인내하며 살아가는 달동네 주민들처럼 말이죠. 우리가 사는 도시에서도 주변의 생활환경과 여건에 따라 부촌과 빈촌이 나뉘듯이 땅에 관한 자리다툼은 식물세계에서도 일어납니다. 사람들은 흔히 소나무가 척박한 땅만 좋아하는 것으로 잘못 알고 있습니다. 달동네 주민들도 마찬가지이겠지만, 소나무라고 좋은 땅을 싫어할 리가 없지요. 실은 소나무도 양분이 풍부하고 수분도 적당한 땅을 좋아하지만, 그런 곳에서는 다른 낙엽활엽수와의 경쟁에 밀려 산비탈이나 척박한 곳으로 쫓겨나게 된 것이지요. 사람살이와 별반 다르지 않습니다. 습기가 적당하고 양분도 많아 대부분의 나무가 터를 잡고 싶어 하는 땅에는 참나무류가 포진하고 있습니다. 우리나라 전체 산림에는 소나무가 22%, 참나무류(졸참나무, 갈참나무, 굴참나무, 신갈나무, 떡갈나무 등)가 약 24%를 차지합니다. 소나무는 참나무류보다 해발고가 다소 높은 지역의 척박한 산지에 주로 분포하고 나머지 대부분의 산지에는 참나무류가 다른 낙엽활엽수들과 함께 자랍니다. 결국 참나무류가 우리나라 산지에 자라는 낙엽활엽수의 대표 수종이라 해도 과언이 아니지요.

한국인이 가장 좋아하는 나무인 소나무는 생김새가 운치 있고 쓰임새가 많은 나무로 척박한 땅에서도 잘 견딥니다. 소나무는 조선시대에 황금기를 맞이하였습니다. 『조선왕조실록』에는 소나무가 무려 총 730여 회가 나오는

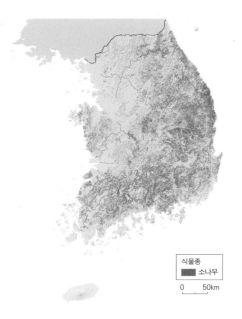

식물종
■ 소나무
0   50km

소나무 분포도, 국립산림과학원(2013).

데 다른 나무에 비해 월등히 많은 횟수입니다. 소나무는 우리 일상생활에서 무척 다양하고 요긴하게 쓰였을 뿐 아니라 소나무의 상징성 때문에 많은 사람의 글과 그림 속에 남아 있습니다. 소나무는 한겨울에도 독야청청하여 절개와 지조를 상징하니 조선시대의 선비들이 특히 좋아했지요. 우리나라에서 가장 오래된 원예서인 강희안의 『양화소록(養花小錄)』에는 소나무에 관한 내용이 맨 앞부분에 등장합니다. 옛사람들은 눈에 보이지 않는 땅속에서조차 곧고 깊게 뿌리를 뻗는 소나무를 무한한 지조와 절개의 상징으로 생각했습니다. 가구재나 건축재로서 각광을 받던 소나무는 특히 조선시대에 궁궐의 건축재로 사용되다 보니 소나무가 자라는 곳을 황장봉산(黃腸封山)*으로 정해 나라에서 보호 관리하여 함

부로 벌채할 수 없었지요. 그러다 보니 아직까지 소나무의 분포 면적이 단일 수종으로는 가장 넓습니다. 그러나 소나무는 사람이 관리해주어야 살아남습니다. 자연의 순리대로 그냥 두면 참나무류와의 경쟁에 밀려 서서히 자취를 감추게 됩니다. 물론 이것은 산림생태계의 한 순환과정으로 사람의 간섭없이 나무들까지 스스로 정한 생태적 법칙에 따라 변화하는 과정입니다.

조선시대까지만 해도 귀한 대접을 받던 소나무는 참나무류와의 경쟁에 밀리고 소나무재선충병이나 산불 등으로 분포 면적이 점차 감소하고 있어 숲속의 '취약계층'이라 할 수 있습니다. 무한경쟁에 뒤처져 산비탈에 터를 잡은 달동네 사람들처럼 말이지요. 깊은 산속의 소나무가 참나무들에 밀려 점차 사라지는 현상을 사람들이 인위적으로 통제하기는 어렵습니다. 설령 이를 해결할 방법이 있어도 수십 년이 지나면 같은 현상이 되풀이되기 때문에 자연의 순리를 거스르는 것이기도 합니다.

게다가 소나무재선충병도 소나무 생육을 어렵게 합니다. 솔수염하늘소라는 매개충에 의해 발생하는 치명적인 병인데, 솔수염하늘소가 새로 난 소나무 가지를 갉아 먹을 때 솔수염하늘소에 붙어 기생하던 소나무재선충이 나무 조직으로 침입합니다. 크기가 약 1mm밖에 되지 않는 소나무재선충은 조직 속에서 곧바로 증식하여 뿌리에서 올라오는 수분과

---

* 궁궐의 건축재나 관재로 쓰이던 소나무는 속이 누렇고 나이테가 치밀한 것을 으뜸으로 쳤는데, 이를 황장목, 황장재라 하며 이러한 소나무가 자라는 산을 황장봉산으로 정해 함부로 나무를 베거나 채취하지 못하도록 엄격히 관리하였습니다. 조선시대에는 전국에 20여 곳의 황장봉산이 있었다고 합니다.

양분의 이동을 막기 때문에 결국에는 소나무가 시들어 죽게 되지요. 피해를 본 소나무는 한두 달 사이에 잎 전체가 적갈색으로 변하면서 말라 죽습니다. 1988년에 부산에서 최초로 발생한 소나무재선충병은 현재 전국에서 발생하여 소나무 생육에 커다란 장애가 되고 있습니다. 이미 북한에도 퍼져 정부에서는 방제 약제를 북한에 전달하기도 했습니다. 일본에서는 소나무재선충병으로 소나무가 전멸 상태까지 이르렀고 대만에서는 아예 방제 자체를 포기할 정도로 확산한 상태라고 합니다.

게다가 최근의 지구온난화에 따른 환경변화는 소나무를 더욱 궁지로 내몰고 있습니다. 우리나라의 평균기온이 상승함에 따라 경북지방과 강원도 고지대를 제외한 한반도의 남부지방 대부분이 아열대기후로 편입될 것으로 예측합니다. 오랫동안 온대기후에 적응하여 살던 소나무가 점차 내몰리는 상황이 온 것이지요. 기후변화에 따른 식생 천이 변화를 연구한 최근의 논문에 따르면, 소나무 잠재 분포 지역이 2020년대에는 중부지방으로 올라가고, 2050년대에는 생육기의 강수량이 상대적으로 낮은 경북지방으로 축소되다가, 2090년에는 강원도 산악지역에만 소나무가 남을 것으로 예측되었습니다. 평균기온이 상승하면서 소나무의 입지가 점점 축소되고 있는 실정이니 안타깝기 짝이 없습니다. 마치 달동네 주민들이 계속 내몰려 제대로 설 자리가 없어지는 것처럼 말이죠.

그러나 힘든 여건 속에서도 끈질긴 생명력을 보여주는 사례도 있습니다. 바로 서울 인왕산 꼭대기의 너럭바위에 홀로 자라는 소나무입니다. 이 너럭바위는 기차처럼 생겼다 하여 기차바위라고 부르는데, 크기가

고립무원의 인왕산 기차바위 한복판에서 고군분투하는 '나 홀로' 소나무.
바람에 날려 온 솔 씨 하나를 큰 바위가 너그러이 품은 결과입니다.

작은 운동장만 합니다. 그런데 바위 한복판에 작은 소나무 한 그루가 뿌리를 내리고 살고 있습니다. 바람에 날려 온 솔 씨 하나를 커다란 바위가 너그러이 품어준 경이로운 결과입니다. 기차바위에 오르면 서울 시내 전망이 360°의 장쾌한 파노라마처럼 펼쳐집니다. 서울의 내사산과 외사산은 물론 멀리 한강까지 굽어볼 수 있습니다. 사람들은 그 풍광에 눈을 뺏겨 발밑의 작은 소나무에 눈길 한 번 주지 않습니다. 너럭바위 위에 홀로 선 작은 소나무. 그야말로 고립무원입니다. 소나무의 크기는 대략 1m 남짓 되지만, 밑동이 상대적으로 굵고 큰 솔방울도 달린 것을 보면 나이도 제법 먹었을 것으로 추정됩니다. 그 넓은 너럭바위 한가운데에 한 줌의 흙을 밑천 삼아 뿌리를 내리고 오랜 시간 홀로 사는 소나무를 생각하면 참으로 신통하고 대견합니다. 삶이 고달프고 힘겨울 때 인왕산 기차바위에 한번 올라보십시오. 아무것도 살 수 없을 것 같은 너럭바위 한가운데서 놀라운 생명력으로 고군분투하고 있는 '나 홀로' 소나무가 여러분을 반길 것입니다.

이리저리 쫓겨 다니는 소나무를 못내 안쓰러워하는 사람들이 최근에는 '소나무 살리기 운동'을 벌이고 있습니다. 소나무재선충병 방제특별법을 제정하여 감염된 소나무의 이동을 금하고 재선충 확산 방지에 심혈을 기울이고 있습니다. 또 소나무 살리기 서명운동과 소나무를 국목(國木)으로 지정하자는 의견도 내고 있습니다. 자연의 거대한 흐름을 거스를 수는 없겠으나, 소나무가 이 난관을 잘 헤쳐나가 이 땅에서 오래도록 우리와 함께하기를 바랄 뿐입니다.

취약계층을 우리 사회의 경쟁에만 내맡기면 벼랑 끝으로 내모는 격입니다. 소나무의 설 자리가 점점 줄어들듯이 취약계층의 주거환경은 갈수록 열악해지고 있습니다. 달동네는 우리의 생태적 적지이지 생리적 적지는 아닙니다. 우리 사회에서 따뜻한 손길이 필요한 곳이 어디 소나무 숲뿐이겠습니까? 소나무 살리기도 중요하지만, 달동네 주민을 위한 주거환경 개선 같은 정부 지원 대책도 절실한 실정입니다. 최근에 국토교통부와 국가균형발전위원회가 나서서 '민관 협력형 도시 취약지역 지원사업'을 시행하여 열악한 달동네 주거환경 개선에 힘을 쏟기로 했다 하니 그나마 다행이 아닐 수 없습니다.

작은 힘이 모여
큰 힘을 발휘하다

水滴石穿

수적석천

　지난여름은 장마가 유난히 길었습니다. 오랜 가뭄이 끝나고 며칠째 비가 억수로 퍼붓고 있습니다. 여름비는 잠비라더니, 오랜만에 낮잠을 잔 후 툇마루에 앉아 마당에 떨어지는 빗방울을 한참이나 바라봅니다. 내리는 비와 흩날리는 눈을 맞을 수 있는 한 뼘의 마당이라도 있다는 것이 도심에서는 호사스러운 일이 아닐 수 없지요.

　물이란 신비한 물질이어서 그 정체를 알 수 없습니다. 담기는 그릇에 따라 형체를 바꾸고 강물이 되고 바다가 되고, 구름이 되었다가 다시 비로 내리는 물을 과연 무엇이라 정의 내릴 수 있을까요. 그리스의 철학자 아리스토텔레스는 세계 전체를 단 하나의 원리로 설명한 최초의 철학자로 탈레스(Thales of Miletus, 기원전 약 624~약 546)*를 꼽았는데, 탈레스는 세계를 떠받드는 원리를 물로 보았다고 합니다. 탈레스에 따르면, 물은 나무나 배뿐 아니라 육지를 떠받쳐주고 또한 모든 사물이 그곳에서 태어나 다시 그곳으로 돌아가는 원천으로 보았으니, 그에 의하면 철학의 근본 원리가 물인 셈이지요. 노자도 '최고의 선은 물과 같다'라는 상선약수를 설파하였다지요.

며칠간 내린 비로 마당에는 처마 선을 따라서 패인 낙수 흔적이 또렷이 남아 있습니다. 불현듯 수적석천(水滴石穿)이라는 단어가 떠오릅니다. 처마의 빗방울이 돌을 뚫는 것처럼, 작은 힘이라도 그것이 거듭되면 예상하지 못했던 큰일을 해낼 수 있다는 말입니다. 중국 송나라의 학자인 나대경(羅大經)의 『학림옥로(鶴林玉露)』에 나온 글귀입니다.[**] 물방울이 바위를 뚫는 것은 우리 인간의 시간 개념으로는 가늠하기 어렵습니다. 영겁의 시간 동안 끊임없이 떨어져야만 가능한 일이겠지요. 로마인들도 비슷한 생각을 했나 봅니다. "물방울이 바위를 뚫는 것은 그 힘이 아니라 꾸준함에서 오는 것이다(Gutta cavat lapidem non vi sed saepe cadendo 굿타 카밧 라피뎀 논 비 세드 세페 카덴도)." 로마의 유명한 시인이자 문학가였던 오비디우스(Publius Ovidius Naso, 기원전 43~기원후 17)[***]

---

[*] 탈레스는 그리스의 자연 철학자이자 수학자로 최초의 유물론 학파인 밀레투스학파의 시조로 평가받고 있습니다.

[**] 중국 송나라의 나대경(1196~1242)이 지은 책 『학림옥로』의 "하루에 일 전씩이면, 천 일이면 천 전이 된다. 노끈을 톱 삼아 나무를 자르고, 낙숫물이 돌을 뚫는다(一日一錢 千日一千 繩鋸木斷 水滴石穿)"에서 나온 글귀입니다.

[***] 오비디우스는 로마의 시인으로 대표작으로는 『사랑의 기술(Ars Amatoria)』, 『변신이야기(Metamorphoses)』가 있습니다. 위의 명구(名句)는 그의 저서 『Epistulae ex Ponto(흑해에서 온 편지)』에 있는 내용으로, 간단히 'Gutta cavat lapidem'으로 표현하기도 합니다.

의 말입니다.

북한이 자랑하는 금강산의 구룡폭포나 강원도 설악산의 대승폭포, 토왕성폭포를 보면 그 풍광이 장관입니다. 그토록 단단한 화강암을 매끄럽게 연마하여 구불구불 길을 내고 아래로 떨어지는 물은 대단한 존재입니다. 지구 생명의 원천이자 고대 철학의 원리인 물의 힘은 무한한 것 같습니다.

서울 도심에서도 작지만 운치 있는 폭포를 만날 수 있는 곳이 있습니다. 청와대 뒷산인 북악의 북쪽 부암동에는 작은 폭포가 있는데, 풍광이 제법 그럴싸합니다. 이곳은 과거에 여러 문인이 기거했던 곳으로 한때 추사 김정희 선생도 잠시 거처했다고 알려진 명승지입니다. 백사실(白沙室) 계곡으로 더 알려진 이곳은 오랫동안 개발이 금지되어 있어서 도심 한복판에서 자연을 느낄 수 있는 몇 안 되는 귀한 곳이지요. 숲 입구에는 신선이 사는 곳이라는 의미의 '白石洞天(백석동천)'이라는 글자가 바위에 새겨져 있습니다. 좀 더 안쪽으로 들어가면, 계곡을 중심으로 고택의 터와 연못, 육각정자의 터가 있고, 계곡의 물을 따라 조금 더 내려가면 너럭바위 사이에 작은 폭포가 나타납니다. 얼마나 오랜 시간을 흘렀는지, 너럭바위 한가운데가 깊게 골이 파이고 물이 세차게 흐르며 작은 폭포를 만듭니다. 바위를 깎아 물길을 내고 웅덩이를 조각하는 물의 유연함, 그리고 그것을 가능하게 하는 시간의 힘을 느낄 수 있습니다.

바위를 깎고 뚫는 것은 물만이 아닙니다. 나무의 뿌리 또한 바위를 뚫습니다. '아니 그 작고 여린 뿌리가 어떻게 바위를 부순단 말인가'라고 의아하게 생각할 수도 있지만, 가능한 일입니다.

식물이 뿌리를 내리고 자라는 흙은 암석이 오랜 시간에 걸쳐 풍화된

북악산 자락에 있는 백사실 계곡의 작은 폭포. 억만 겁의 시간과 물이 빚어낸 작품입니다.

결과물입니다. 암석이 풍화되어 흙이 되는 데는 여러 요인이 있습니다. 우선 비나 바람, 물, 얼음 등에 의해 암석이 쪼개지거나 갈라지기도 하고 물속에 녹아 있는 이산화탄소와 산소가 암석을 분해하는 경우도 있습니다. 식물의 뿌리도 암석을 잘게 부수어 토양 생성에 일조합니다. 특히 암석 틈새에 뿌리를 내린 식물들에서 자주 볼 수 있는 현상입니다. 바위틈에 뿌리를 내린 식물이 자라면서 그 뿌리가 점점 더 비대해져서 틈새가 벌어지게 되다가 어느 순간에는 바위가 갈라지게 되는 것이지요. 식물 뿌리의 가장 끝부분인 뿌리털은 폭이 거의 1mm도 안 되기 때문에 바위의 작은 틈도 비집고 안으로 들어갈 수 있지요. 뿌리의 가장 끝부분은 뿌리골무(root cap)라는 골무모양의 조직으로 덮여 있습니다. 이 뿌리골무가 뿌리 맨 앞에서 흙을 헤쳐나가는 역할을 합니다. 뿌리골무 바로 뒤에는 세포가 분열하는 부위가 있어 뿌리가 생장하는 데 필요한 세포들을 공급합니다. 즉 뿌리 끝은 빈틈을 찾아 끝없이 앞으로 나아가면서* 동시에 옆으로 살이 찌는 비대생장**을 하는 것입니다. 예전에 바위를 쪼갤 때, 바위에 정(釘)으로 구멍을 뚫고 그 안에 나무를 박아 넣고 물을 부으면, 시간이 지나면서 나무가 팽창하는 힘으로 바위를 쪼갤 수 있었습니다. 이것을 옛사람들은 '돌을 뜬다'라고 표현했습니다. 서울 한양도성의 성곽도 이렇게 '돌을 떠서' 하나씩 쌓은 것이라고 합니다. 바위틈을 비집고 들어간 뿌리가 시간이 지나 부피가 늘면서 바위를 부수는 원리와 같은 것이지요.

---

* 길이가 길어지는 생장으로 신장생장(伸張生長)이라고 합니다.
** 굵기가 커지는 생장, 즉 옆으로 커지는 생장을 말합니다.

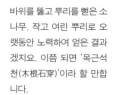
바위를 뚫고 뿌리를 뻗은 소
나무. 작고 여린 뿌리로 오
랫동안 노력하여 얻은 결과
겠지요. 이쯤 되면 '목근석
천(木根石穿)'이라 할 만합
니다.

가늘고도 여린 작은 뿌리가 바위를 뚫거나 부술 줄 누가 상상이나 했을까요. 작은 씨에서 뻗어나온 뿌리가 큰 바위를 부수기까지는 오랜 시간이 필요하겠지요. 물방울이 바위를 뚫듯이 여린 뿌리가 그 단단한 바위를 부수는 힘은 그 꾸준함과 지속성에 있습니다. 로마의 문학가 오비디우스가 이야기한 것처럼 말이죠.

우리나라 산지는 바위가 많습니다. 대부분이 단단한 화강암 종류로 이루어져 있는데, 그런 곳은 나무가 뿌리내리고 살기 힘든 곳이지요. 그런데도 여러 종류의 나무가 자리 잡고 살아갑니다. 특히 소나무는 척박하고 건조한 곳에서도 잘 견디는 힘이 있어 바위틈에서도 더디지만 조금씩 자랄 수 있지요. 솔방울 속에 들어 있는 솔 씨는 작은 씨앗 주변에 긴 날개가 달려 있어 이리저리 바람에 날려 퍼져갑니다. 간혹 바위틈에 안착한 씨는, 평생을 그곳에서 뿌리를 내리고 살아갑니다. 암벽의 작은 틈새에 자리 잡은 소나무는 그 뿌리로 바위를 쪼개기도 하고 때로는 바위를 타 넘으면서 낙락장송이 됩니다. 아무리 단단한 바위일지라도 뿌리들이 작은 틈새를 파고들어 수십 년 또는 수백 년을 노력하면 그 큰 바위도 어느 순간 쩍하고 갈라질 수 있습니다.

이렇게 바위를 뚫거나 부수는 나무의 뿌리는 오래된 성(城)의 돌 틈도 비집고 들어가 성을 결국 무너뜨리기도 합니다. 작은 뿌리가 자라 아예 유적을 삼켜버린 사례도 있습니다. 캄보디아의 앙코르와트는 1860년대 프랑스의 자연과학자인 앙리 무오(Henri Mouhot, 1826~1861)에 의해서 본격적으로 세상에 알려지기 시작했습니다. 그때까지 앙코르와트의 주변

앙코르와트 사원에 뿌리 내린 테트라멜레스.

교살자무화과 나무의 뿌리가 앙코르와트 유적을 움켜쥐고 있습니다.

태국 아유타야에 자라는 보리수 뿌리와 부처님상. 작은 뿌리가 자라 부처님을 호위하는 듯합니다.

숲은 잠시나마 숨을 돌릴 수 있었겠지요. 사람들의 손길이 미치지 않았던 몇 백 년의 시간 동안, 테트라멜레스(Sprung)*, 교살자무화과(Strangler fig)** 등의 나무들이 유적 주변에 뿌리를 내리고 자랐고 급기야 유적 전체를 뒤덮었습니다. 더 나아가 유적의 견고한 돌 틈 사이로 뿌리를 뻗으면서 기둥과 벽체, 지붕을 휘감았습니다. 이제는 나무의 뿌리가 유적과 한몸이되어 그 모습이 독특하고 기이하기까지 합니다. 흡사 나무뿌리가 허물어져가는 사원의 돌들을 붙들어주고 있는 형국입니다. 그러나 이대로 이 나

* 앙코르와트 타프롬 사원에서 볼 수 있는 대표적인 나무. 스펀지나무라고도 합니다.
** 앙코르와트의 타프롬 사원에서 자주 볼 수 있는 무화과나무의 일종으로 그 뿌리와 줄기가 다른 나무들을 휘감아 조르는 나무라 하여 교살자무화과라고 합니다.

무뿌리가 더 자라면 유적은 더 훼손될 것이고, 그렇다고 뿌리를 잘라버리면 유적이 붕괴하니 진퇴양난이 아닐 수 없지요. 관계 당국에서는 나무가 더 이상 성장하지 못하도록 생장 억제제를 주입하고 있다고 하니, 나무와 유적 둘 다 살리려는 나름의 묘안을 찾아낸 셈이지요.

바위틈에 자라는 소나무나 앙코르와트의 테트라멜레스 등은 작은 뿌리들이 평생 쉼 없이 궁리한 결과일 것입니다. 거북이의 미덕은 꾸준함과 지속성입니다. 순간적인 폭발력은 약하지만, 지속적인 끈기와 노력으로 아무도 믿지 않았던 목표를 달성합니다. 작고 부드러운 물방울과 여리고 가는 뿌리가 단단하고 커다란 바위를 뚫습니다. 작은 힘들이 모여 생각지도 못했던 큰 힘을 발휘할 때, 우리는 환호합니다.

누구도 거들떠보지 않던 소외된 사회적 약자들이 모여 거대한 권력에 균열을 내는 기적을 종종 만들어내기도 합니다. "계란으로 바위 치기"라는 속담이 더 이상 말뿐이 아닌 현실로 다가옵니다. 거북이의 끈기, 물방울의 직심, 소나무의 집념을 생각하며 이 고단한 일상을 버텨나갑니다.

적응한 자만이 살아남다

適者生存

적자생존

200여 년 전, 전 유럽을 발칵 뒤집어놓는 사건이 있었습니다. 그때까지 모두가 신이 만물을 창조했다는 기독교 중심의 창조론을 만고불변의 진리로 알고 있을 때, 인간은 원숭이와 같은 조상에서 진화했다는 진화론이 유럽 사회에 큰 논쟁을 불러일으켰습니다. 지금은 초등학생도 다 아는 사실이 됐지만, 당시에는 종교계는 물론 과학계에도 커다란 충격을 던져준 일대 사건이었지요. 다윈은 생존경쟁의 원리로 적자생존을 들고 있습니다. 그러나 이 용어는 다윈이 생각해낸 것이 아니라 철학자였던 허버트 스펜서가 1864년 『생물학의 원리』라는 책에서 처음 사용했다고 합니다. 다윈은 『종의 기원』 초판(1859년)에서 자연선택이라는 용어만을 사용했지만 『종의 기원』 5판(1869년)부터는 스펜서의 영향을 받아 자연

선택과 동일한 의미로 적자생존이라는 용어를 사용하기 시작했습니다.[*]

지구상의 모든 생물은 오래도록 살아남아 후대에 자기의 유전자를 물려주려 합니다. 그러기 위해서는 끊임없이 노력하여 환경에 적응해야 합니다. 즉 다른 개체보다 환경에 더 잘 적응한 개체만이 살아남는 것이죠. 다윈의 핵심 이론인 적자생존은 생물의 이 두 가지 목표, 즉 '살아남아' '물려주는' 것을 아우르는 말입니다. 얼핏 보면 환경에 잘 적응한 개체만이 살아남는다는 표현이니 첫 번째 목표인 살아남는 것만을 뜻하는 것으로 생각할 수 있지만, 그 개체가 살아남더라도 자손을 번식하지 못하면 진화라는 변화를 이룰 수 없기 때문입니다. 어떻게든 살아남는 개체만이

---

[*] 현재는 '적자생존'을 '자연선택'과는 다른 의미로 보고 있으며 진화생물학에서는 '적자생존'이라는 용어를 사용하지 않고 있다고 합니다.

자손에게 유전자를 남겨 진화를 거쳐 종족을 보존하는 것이지요.

　잡초가 도심에서 살아가는 모습을 보면 다윈의 적자생존이 연상됩니다. 물론 적자생존은 지구상의 모든 생물에 해당하지만, 환경에 재빨리 적응하면서 소위 '치고 빠지는' 잡초의 생존 전략이 다른 종들보다 두드러져 보이기 때문이겠지요. 잡초는 대개 '이롭지 못한 식물이나 불필요한 식물'이라고 정의하지만 그렇게만 보기에는 애매합니다. 우리말에서 '잡(雜)' 자가 들어가면 일단 부정적인 느낌을 줍니다. 사실 잡초의 기준은 철저히 사람 중심이라 우리의 먹거리가 되거나 이로움을 주면 작물이 되고 그렇지 않으면 잡초가 됩니다. 매우 일방적이고 편협한 기준일 수밖에 없습니다. 잡초는 때에 따라서는 약초도 되니 절대적인 표현은 아닙니다. '쑥대밭'이 되는 쑥이 대표적인 사례입니다.

　식물세계에서도 약육강식은 존재합니다. 강한 식물이 넓은 땅을 차지하지만, 그것은 주변 환경이 어느 정도 안정되었을 때의 이야기입니다. 수분과 양분 등이 부족하여 다른 식물들이 살기 어려운 척박한 상황에서는 그곳에 적응한 식물만이 세력을 넓혀갑니다. 생존 경쟁에 강한 식물들이 살 수 없는 열악한 공간을 터전으로 삼는 잡초는 그런 면에서 약한 식물이라 할 수 있습니다. 도심에는 아스팔트, 콘크리트, 보도블록, 석축 등이 온통 널려 있어 맨땅 한 뼘 찾아보기 어렵습니다. 이러한 곳의 환경은 식물에게 매우 불안정한 상황입니다. 장마에는 물에 잠기고, 폭염에는 식물이 타들어 갈 정도니까요. 또 한겨울에 수시로 뿌려대는 염화칼슘은 식물이 살 수 있는 기반을 더욱더 어렵게 합니다. 그러다 보니 혹독한 상황에서도 적응한 녀석들만이 살아남는 것이죠. 잡초는 그런 불안정한 도심 환경에 적응하고 극복하면서 살아남아 씨를 퍼트립니다. 도심의 잡초에게 그나마 평온한 계절은 봄일 것입니다. 이때를 기다려 잡초는 도시 곳곳에서 재빠르게 성장하고 곧이어 씨를 맺어 바람에 날려 보냅니다. 도심의 잡초는 풍매화인 것들이 많습니다. 만약 잡초가 벌이나 나비 등에 의해 수분이 이뤄지는 충매화라면 도심에서 번식하는 것이 수월하지 않을 겁니다. 풍매화는 꿀이나 꽃잎 등을 만드는 일에 에너지를 소비하는 대신 작고 가벼운 꽃가루 생산에만 집중합니다. 곤충을 하염없이 기다리기보다 수시로 부는 바람에 의존하는 방식을 다수가 선택했을 겁니다. 도심의 잡초는 단기간에 최대한 빨리 성장하여 많은 자손을 퍼트리고 사라집니다. 열악한 환경을 극복하는 속전속결의 전략을 구사하는 것이지요.

힘든 환경에서도 잘 적응하여 끈질기게 살아남는 잡초는 원예 식물들과는 다른 몇 가지 특성이 있습니다. 가벼운 종자를 많이 생산하여 먼 거리까지 퍼질 수 있으며, 조건이 좋지 않더라도 발아율이 높습니다. 게다가 생장 속도가 매우 빠르지요. 또한 다른 식물에 비해 뿌리를 깊게 뻗어 수분이나 영양분 등을 흡수하는 능력이 뛰어납니다. 이러한 생존 전략으로 잡초는 환경에 적응하며 지속적으로 자손을 퍼트립니다.

식물은 태양 빛을 받기 위해 위로 뻗어 오르며 자라는 것이 일반적입니다. 그러나 보도나 아스팔트 틈, 운동장 같은 곳은 허허벌판이므로 식물이 햇빛을 충분히 받을 수 있지만, 사람이나 자동차에 수시로 밟힙니다. 이때 잡초들은 위로 뻗어 자라는 대신 땅에 납작 엎드려 자라는 전략을 취하지요. 짓밟혀도 줄기나 잎 등이 덜 상하도록 지면에 붙어 있다시피 자랍니다. 자신을 무한히 낮추면서 역경을 극복하는 놀라운 지혜를 잡초는 보여줍니다. 교만을 버리고 어리석음을 참회하는 '오체투지'를 몸소 실천하는 듯 보입니다. 잡초로 취급받는 식물 중에 로제트형(rosette type)이 많은 것도 그런 이유입니다. 로제트형 식물은 뿌리에서 난 잎이 땅에 붙어 사방으로 퍼져 자라 장미꽃(rose) 형태를 띤다고 해서 붙은 이름인데요. 로제트형 식물의 납작 엎드린 잎은 찬바람을 피할 수 있고, 펼쳐진 잎으로 햇빛을 받으며 축적된 양분은 뿌리에 저장합니다. 그 결과 겨울이 끝나면 미리 축적된 양분으로 다른 식물보다 재빨리 줄기를 뻗고 꽃을 피울 수 있는 강점이 있지요. 끈질긴 생명력의 대표 선수인 민들레도 예외는 아닙니다. 한편 작물이 자라는 주변에 생육하는 잡초를 정기적으로 베어주면 키 큰 직립형 잡초보다 로제트형 잡초가 먼저 자란다고 하니 잡초들은 눈치도 빠른 모양입니다.

자신을 최대한 낮춤으로써 역경을 극복하는 도심의 잡초. 서양민들레.

대표적인 잡초로 알려진 질경이는 씨앗에 점성이 있는 물질이 있어 물에 닿으면 팽창하면서 다른 물질에 달라붙는데, 사람의 신발이나 동물의 발, 자동차 바퀴에 붙어 이동하며 씨를 퍼트립니다. 그래서 사람이 즐겨 다니는 곳이면 어디든지 따라다닙니다. 심지어 백두대간의 종주 코스인 고산지대 등산로 주변이나 헬기착륙장에도 보란 듯이 자리를 잡고 있습니다. 끈끈한 씨앗은 조그만 틈에 박혀 수없이 밟히면서도 때를 기다려 싹을 틔우고 꽃을 피웁니다. 그러나 질경이는 등산로를 벗어난 숲속에서는 자라지 못합니다. 숲속에는 너무나 많은 경쟁자가 있기 때문에 사람에게 밟히며 씨를 퍼트릴 수 있는 등산로 주변에 터를 잡은 것이지요. 질경이에겐 사람에게 밟히는 것이 곧 사는 길인 셈입니다. 질경이의 한자 이름도 수레바퀴 앞에서 찾은 식물이라 하여 차전초(車前草)라고 합니다. 또한 질경이의 학명 중 속명 *Plantago*(플란타고)는 라틴어 planta에서 유래했는데, 그 뜻은 '발바닥'입니다. 이래저래 질경이가 사는 장소는 사람의 이동과 밀접한 관계가 있음을 알 수 있지요.

도심에서는 사람이 잡초를 힘들여 뽑거나 방제하려고 하지 않습니다. 그렇다고 잡초에 물을 주는 사람도 없을 겁니다. 심지어 누구 하나 거들 떠보지도 않습니다. 잡초는 농작물에 피해를 주는 것이 가장 큰 손실이지만, 도심에서는 시골처럼 논밭이나 과수원이 있는 것도 아니어서 특별히 우리에게 해를 끼치지 않습니다. 오히려 잡초가 날아들어 자연스럽게 꾸며진 작은 정원을 보면 앙증맞고 사랑스럽기까지 합니다. 때로는 사람이 꾸민 정원보다 잡초끼리 스스로 알아서 자리 잡고 자태를 뽐

비좁은 돌 틈에 납작 엎드려
자리를 잡은 냄새명아주.

작은 틈새에 여러 잡초가 모여 초미니 잡초 정원을 만들었습니다.

苦盡甘來

고진감래

산오름이

고생 끝에

낙이

온다

단단한 석축 틈에 뿌리를 내린 고들빼기의 생명력에 놀랄 따름입니다. 마침 그 옆에 써진 '고진감래'라는 글귀가 고들빼기를 응원하는 듯합니다.

내는 '잡초 정원'이 훨씬 아름다울 때도 있지요.

　저는 우리집 마당에서 자라는 잡초를 뽑지 않습니다. 아내가 심어놓는 작약이나 조팝나무, 산수국도 아름답지만, 계절별로 날아 들어와 이들 사이에서 자라는 잡초들을 보면 그 생명력과 친화력에 감탄합니다. 잡초는 조그만 공간만 있으면 비집고 들어가 자리를 잡습니다. 작은 씨앗 크기만 한 틈새에도 궁둥이를 붙이고 앉아 꽃을 피우는 모습을 쉽게 볼 수 있지요. 주어진 환경에 적응하고 틈새전략으로 역경을 이겨낸 잡초의 승리가 아닐 수 없습니다.

　잡초를 사람에 비유하자면 '억척스럽고 붙임성이 있을 뿐 아니라 상황 판단과 임기응변도 능한 사람'이라 할 만합니다. 더러운 것을 톡톡 털며 깔끔을 떠는 까칠한 사람이 아니라 빈자리만 생기면 비집고 들어가 한 자리를 차지합니다. 또 처음 보는 사람과도 격의 없이 인사를 나누며 말문을 터 관계를 넓히는 사람과 흡사합니다.

　'잡초 정신', '잡초 인생'은 곧잘 역경을 극복하고 살아가는 사람들을 일컫는 말입니다. 같은 제목으로 영화와 책, 노래까지 널리 알려진 것을 보면, 많은 이들이 공감하는 표현일 겁니다. 적자생존, 악전고투, 칠전팔기, 백절불굴은 모두 잡초에 걸맞은 표현일 테지만, 정작 잡초가 가장 좋아하는 표현은 '고진감래'가 아닐까요.

　무심코 지나치는 주변을 한번 둘러보십시오. 어느 틈엔가 납작 엎드린 잡초가 여러분께 인사를 건넬 것입니다. 오체투지하고 있는 잡초에게 응원의 박수를 보냅니다. 그리고 우리의 '잡초 같은 인생'에게도.

어둠 속에서 힘을 기르다

韜光養晦

도광양회

중국의 기세가 사뭇 무섭습니다. 수십 년을 숨죽이고 있던 중국인들
이 여러 분야에서 치고 나옵니다. 지난 15년간 GDP 성장률이 500% 이
상으로 놀랄 만한 성장을 이뤘습니다. 후발 주자이지만 여러 국가를 무
섭게 추격하며 따라잡고 있지요. 21세기 신흥강국으로 부상한 중국은
G2로서 세계 경제에 막강한 힘을 과시하고 있습니다. 중국의 입김이 이
처럼 세계 경제에 크게 작용한 것은 덩샤오핑(鄧小平, 1904~1997)의 개
혁개방 정책이 주효했습니다. 그는 1979년 이후 죽의 장막을 걷고 현실
주의적 대외정책을 시행하며, 실사구시에 입각한 실용 정책을 펼쳤습니
다. 덩샤오핑은 1992년 중국의 외교 노선에 대한 지침을 제시하였는데,
그중 널리 회자된 것이 도광양회(韜光養晦)입니다. '자신을 드러내지 않

고 때를 기다리며 힘을 기른다'라는 뜻으로, 결국 미국과 대등한 실력이 될 때까지 몸을 낮추고 힘을 기른다는 의미입니다. 이는 중국의 실질적인 국가 최고지도자였음에도 전면에 나서지 않고 국가를 경영한 덩샤오핑 자신의 처세술이기도 합니다. 그가 밝힌 대외관계의 지도 방침은 다음과 같이 총 28자로 구성되어 있어, 28자 방침이라 부릅니다.

즉 국제정세에 대한 냉정한 관찰이 우선되어야 하고(冷静觀察 냉정관찰), 중국 내부의 질서와 역량을 공고히 하며(穩住陣脚 온주진각), 국익을 위해 침착하게 대응하고(沈着應付 침착응부), 어둠 속에서 때를 기다리며 힘을 기른다(韜光養晦 도광양회). 또한 능력을 키워도 밖으로 드러내지 않고(善于藏拙 선우장졸), 절대 앞에 나서서 우두머리가 되지 말 것이며(決不當頭 결부당두), 하고자 하는 일은 한다(有所作爲 유소작위). 이는 결국 '나서지는 않지만, 조용히 힘을 기르면서 하고자 하는 일은 반드시 한다'라는 중국 외교 정책의 기조를 나타낸다고 할 수 있습니다. 최근 중국의 지도자 시진핑은 그동안 '숨어서 힘을 기른' 결과로 이제는 적극적인 정책을 펼치면서 자신감을 만천하에 드러내고 있습니다.

덩샤오핑의 도광양회 전략은 유비(劉備)의 도회지계(韜晦之計)를 본받은 것이라고 합니다. 유비를 도와 천하를 제패하려는 제갈량은 유비에게 지금의 사천 지방인 촉나라로 들어가 위나라와 오나라를 능가하는 힘을 기를 때까지 빛을 드러내지 않고 숨어서 힘을 기를 것을 당부합니다. 이에 유비는 조조의 식객 노릇을 하며 자신을 한껏 낮추고 큰 뜻이 없음을 드러내는 의뭉스러운 전략을 구사하지요. 어느 날 조조는 유비와 술을 한잔 나누면서, "천하의 영웅은 자신과 유비뿐"이라는 말을 하자 유비가 깜짝 놀라 젓가락을 떨어뜨립니다. 때마침 천둥이 쳐서 놀란 모습으로 위기를 모면하는데, 이를 본 조조는 유비가 겁이 많은 줄 알고 경계심을 풀지요. 결국 유비는 허허실실의 계략으로 조조와 패권을 다툽니다.

도광양회의 사상과 철학은 국가 경영 정책에서만 드러나는 것은 아닙니다. 중국인들의 처세에서도 종종 발견할 수 있습니다. 제가 독일 유학 시절에 만났던 중국 유학생들은 허술한 겉모습과는 달리 날카로운 지성과 원대한 포부, 숨겨진 저력을 가지고 있어 놀랐던 기억이 납니다.

선불리 나서지 않고 때를 기다려 전세를 뒤집는 전략은 식물세계에도 존재합니다. 바로 우거진 숲속에서 때를 기다리는 음지식물이 그렇습니다.

식물은 햇빛의 선호도에 따라 양지식물과 음지식물로 구분하는데, 음지식물은 말 그대로 햇빛이 적은 음지에서 잘 자라는 식물입니다. 반면에 양지식물은 햇빛을 충분히 받아야만 생육이 가능합니다. 음지에서도 잘 자란다는 것은 햇빛을 조금만 받아도 광합성량을 최대로 끌어올릴 수 있다는 뜻이지요. 음지식물은 한마디로 햇빛에 대한 가성비가 높은 식물이라고 할 수 있습니다. 음식을 조금만 먹어도 힘을 충분히 낼 수 있는 사람처럼 말이죠. 음지식물 중에서 나무를 음수(陰樹) 또는 음지나무라고 합니다. 전나무, 주목, 비자나무, 서어나무, 팔손이, 동백나무가 대표적인 음수인데요, 이런 나무들을 음지에서 견디는 힘, 즉 내음력(耐陰力)이 강한 나무라고 하지요. 어두운 곳에서 오랫동안 견디면서 어린 시절을 보내는 음수는 천천히 자라지만 나이를 많이 먹어도 꾸준히 성장합니다. 음수의 대표 수종이라고 할 수 있는 전나무는 숲속 그늘에서도 오랫동안 버티며 힘을 기릅니다. 마치 어둠 속에서 자신을 드러내지 않고 빛을 기다리는 도광양회의 전술과 같습니다.

대표적인 음수인 전나무가 무리 지어 군락을 이루는 곳은 흔치 않습니다. 한반도에서는 강원도 이북과 백두산 주변, 그리고 중국과 러시아 접경 지역에 군락을 이루며 분포합니다. 계곡부나 산의 북사면에서 주로 자라는 전나무는 서리에 강하지만, 환경 변화에는 비교적 약한 편입니다. 세계자연보전연맹(IUCN)은 전나무를 적색목록(적색리스트, Red list)*에 취약근접종(NT: near threatened)으로 분류하고 있는데, 당장 멸종 위험 단계는 아니지만 멸종 가능성을 대비하여 관심을 갖고 지켜봐야 할 종으로 구분한 것이지요.

우리나라에서 전나무 숲으로 유명한 곳은 오대산을 꼽을 수 있습니다. 오대산처럼 나무가 울창한 숲에는 커다란 나무들이 층층이 자라고 있어 숲 안으로 들어가면 어두컴컴합니다. 키가 30~40m나 되는 큰 교목류와 그 아래를 차지하는 아교목층의 나무들, 그리고 사람 키 높이의 관목층에 여러 식물이 빽빽이 자라고 있어, 가장 아래쪽인 숲 바닥에는 햇빛이 거의 닿지 않는 곳도 많습니다. 그런 어둠 속에서도 어린 전나무들은 호시탐탐 기회를 엿보며 긴 시간을 버텨냅니다. 사람으로 치자면 대기만성형이라고 할 수 있습니다. 저는 간혹 자신의 능력을 제때 발휘하지 못해 힘들어하는 학생들에게 종종 전나무의 예를 들며 독려하곤 합니다.

---

* 정식 명칭은 '멸종 위기에 처한 동식물 보고서'로 세계자연보존연맹에서 전 세계의 생물종을 대상으로 아홉 단계에 걸쳐 멸종 위기 등급을 구분해 목록화한 것을 말합니다.

김홍도의 『금강사군첩』 〈월정사〉, 1788년작. 우리나라 대표적 전나무 군락지인 오대산 월정사 주변의 200여 년 전 모습.

현재도 월정사 주변에 곧게 뻗은 전나무가 무리 지어 자라고 있는 모습은 김홍도의 그림과 크게 다르지 않습니다.

"다른 사람과 비교하지 말고, 꾸준히 노력하며 네 갈 길을 가라. 언젠가는 모든 사람 앞에서 우뚝 설 때가 올 것이다"라고 말이죠.

숲 그늘에서 적은 햇빛을 받으면서도 묵묵히 그리고 꾸준히 힘을 키우고 있는 전나무는 한마디로 우직하면서 끈기 있는 무서운 녀석입니다. 전나무의 씨앗은 발아 후 초기 생장이 매우 느리지만, 기회가 되면 왕성한 생장을 보입니다. 어렸을 때는 어미 나무의 그늘을 좋아하며 천천히 자랍니다. 어두운 숲속에서는 수십 년간 겨우 몇 미터밖에 자라지 못하는 경우도 있습니다. 그러나 어둠 속에서 인고의 시간을 감내하며 버텼던 전나무는 시간이 흐르면서 주변 나무들이 죽거나 숲속에 빈틈이 생기면 그 기회를 놓치지 않고 전력 질주하며 생장합니다. 이때를 기다렸던 것이지요. 나이가 100년가량 되어도 계속 자란다고 하니 대기만성의 본보기로 손색이 없습니다. 오랫동안 어둠에 묻혀 그 빛을 발할 때만

오대산 전나무 숲. 월정사 입구에는 아름드리 전나무가 군락을 이루고 있습니다.

을 기다린 보람을 늦게나마 찾는 셈입니다.

전나무는 키가 약 40m, 가슴높이의 지름이 약 1m까지 달합니다. 마치 전봇대처럼 반듯하게 자라기 때문에 기둥재로 이용되지요. 2002년 경복 궁의 근정전을 해체 복원할 때 예전의 부재를 조사하였는데, 전나무가 기둥으로 사용되었다고 합니다. 중층(2층)으로 건축된 근정전은 네 모서 리의 기둥인 귀고주*의 세 개가 전나무로 만든 기둥이었습니다. 그러나 당시 복원공사에는 그만한 규모의 소나무나 전나무 기둥을 국내에서 구 할 수 없어 아쉽게도 북미산 미송(Douglas fir)으로 대체하여 복원하였다 고 합니다. 이를 계기로 산림청과 문화재청은 문화재 복원용 숲을 지정 하여 관리하는 업무 협약을 체결했습니다.

예전에는 서울 한복판에서도 전나무를 찾아볼 수 있었습니다. 200여 년 전에 한양 전경을 그린 그림이 단초를 제공합니다. 겸재 정선(鄭敾, 1676~1759)의 〈청풍계(淸風溪)〉라는 그림에는 전나무가 등장하는데요. 청풍계는 지금의 서울 한복판 청와대 바로 옆입니다. 우의정을 지냈던 김상용(金尙容)이 살던 청풍계라는 고택의 대문 옆에는 우람한 전나무 가 집을 지키는 수문장처럼 서 있습니다. 그 밖에도 소의문(서소문)을 중 심으로 한양의 전경을 그린 정선의 〈소의문망도성(昭義門望都城)〉이라 는 그림에서도 서울 시내에 드문드문 자라는 전나무를 볼 수 있지요. 하 지만 지금은 도심에서 전나무를 찾기 쉽지 않습니다. 서늘하고 공중습

---

* 귀고주는 근정전의 2층 네 귀퉁이에 세운 기둥을 말하는데, 하나의 부재가 1, 2층을 관통하고 있 습니다. 당시 보수 기록에 의하면 이 귀고주의 높이는 약 11.6m, 상부의 굵기는 55cm, 하부의 굵 기는 67cm였다고 합니다.

정선의 〈청풍계〉, 1739년작.
대문 옆에 우람한 전나무가
자라고 있습니다. 청풍계는
현재 청와대 인근 청운초등학
교 주변입니다.

한양 전경을 그린 정선의 〈소의문망도성〉에서도 군데군데 자라는 전나무를 볼 수 있습니다.

도가 높은 곳을 좋아하는 전나무는 매연과 공해, 열섬 현상이 있는 도심을 꺼리는 것이겠지요.

우리 사회에서도 자신의 밝은 미래를 위해 어둠 속에서 숨죽이며 때를 기다리는 사람이 무척 많습니다. 심각한 사회문제로 떠오르고 있는 실업 문제 때문에 이 땅의 청춘들이 엄청난 심리적 압박에 시달립니다. 삼복더위와 한설추위를 아랑곳하지 않고 새벽의 노동시장에서, 한 평의 고시원에서, 불 밝힌 도서관에서 고독하고 치열한 시간을 보내고 있습니다. 수많은 스펙을 쌓고도 좁디좁은 취업의 문을 통과하지 못한 청년들은 점점 더 의욕을 잃고 이 사회에서 배제되었다는 좌절감마저 느낍니다. 어서 이들 주변에 밝은 빛이 비쳐 전력 질주할 수 있기를, 그리하여 언젠가 그동안 감춰두었던 더 큰 빛으로 세상을 밝히기를 학수고대합니다.

본성대로 살아가다

無爲自然

무위자연

　환경문제는 21세기 최대의 화두가 되었습니다. 유럽과 아시아, 북미 대륙에서 발생하는 대기오염은 전 지구적 문제가 되었으며, 육지뿐 아니라 해양오염도 심각한 상황입니다. 그동안 우리가 자연을 들쑤시고 파헤치며, 온갖 쓰레기를 토해낸 결과는 고스란히 부메랑이 되어 돌아왔습니다. 환경오염과 지구온난화 문제가 우리의 목을 졸라 거의 숨이 막힐 즈음에 발생한 코로나19는 인간에게는 또 다른 재앙이었으나, 자연에는 한숨 돌리게 하는 치유의 기회였습니다. 인간이 숨죽이자 지구가 되살아나기 시작했습니다. 항공기가 운항하지 않으니 대기오염은 사라지고, 사람들이 이동하지 않으니 동물들이 살아났습니다. 눈에 보이지도 않는 작은 바이러스가 잠시나마 환경오염을 막는 브레이크 역할을

세계 최초의 환경마크, 블루 엔젤.

할 줄 그 누구도 예상치 못했습니다. 결국 환경파괴의 주범이 인간이라는 사실이 다시 한 번 적나라하게 드러났습니다.

주요 선진국들은 환경문제를 심각하게 생각합니다. 그중에서도 우리가 환경을 이야기할 때 빼놓지 않는 나라 중에 독일이 있습니다. 얼마 전 독일의 유명 자동차 회사가 자동차 배출가스 문제로 국제적 망신을 당했던 불명예스러운 일이 있었지만, 그래도 환경 대국하면 가장 먼저 독일을 떠올립니다. 세계 최초로 환경 표시 제도를 도입하고 시행한 나라도 독일입니다. 생산에서 폐기까지 제품의 전 과정에 걸쳐 친환경적으로 개발하고 관리하는 제품에만 부여하는 독일의 '블루 엔젤 (Blue-Angel, Blauer Engel)'이라는 환경 표지 제도는 세계 최초의 환경 마크(Eco Label)로 이미 1978년에 독일에서 시행하였습니다.

잘 알려져 있지 않지만 독일의 숲을 관리하는 제도와 체계가 모범적이라는 평가로 다른 나라의 부러움을 샀던 때도 있었습니다. 독일의 삼림 경영관리에 관한 이론은 유럽을 넘어 아시아, 그리고 저 멀리 미국까지 전파되어 숲의 경영과 관리에 관한 한 세계 최고의 국가로 인정받고 있습니다. 20~30년 전만 해도 삼림학을 공부하기 위해 유럽 인접국만 아니라 아프리카와 아시아, 미국의 학생들이 독일로 모여들었으니까요.

유럽의 중앙부에 있는 독일은 매우 울창한 숲의 나라였습니다. 로마의 위대한 정치가 카이사르(Gaius Julius Caesar, 기원전 100~44)*는 『갈리아 전기(Commentarii de Bello Gallico)』에서 독일의 숲을 보고 "게르만 땅에서 두 달 동안 쉼 없이 숲을 걷더라도, 숲의 끝을 보았다고 말할 수 있는 사람은 아무도 없다"라고 경외감을 표했을 정도였으니까요.

지금으로부터 1만 2,000년 전, 최후의 빙하기가 끝날 무렵이 되자 중부 유럽에서는 꽁꽁 언 땅에서 나무들이 얼어붙거나 얼음 속에 파묻히기까지 하였습니다. 마치 시베리아의 툰드라를 떠올리게 했지요. 많은 나무가 러시아 남부와 발칸반도, 프랑스 남부와 이탈리아 등지에서 살아남았다가 빙하기가 끝나고서야 겨우 따뜻해진 중부 유럽으로 다시 돌아올 수 있었습니다.

자연적으로 형성된 독일의 숲에 처음으로 변화가 나타난 시기는 신석기시대 초로 추정하고 있습니다. 이때는 수렵과 채집을 주로 하는 유랑생활에서 땅을 일궈 살아가는 농경생활로 넘어가던 무렵이었지요. 다시 말해 유랑생활을 접고 한곳에 정착한 후부터 숲에 변화가 찾아왔습니다. 청동기가 발명된 기원전 약 2000년부터는 이 새로운 금속을 제련하느라 엄청난 양의 목재가 필요했고, 그렇게 제련해 만든 청동도끼 덕분에 벌목이 수월해졌습니다. 그런데도 서력 원년 즈음까지는 독일 땅 전

---

* 로마 공화정 말기의 정치가이자 장군. 폼페이우스, 크라수스와 함께 3두 동맹을 맺고 집정관이 되었습니다. 지방 장관으로 갈리아를 정복하였으며, 3두 동맹이 붕괴하고 1인 집정을 하여 각종 개혁을 추진하였으나 브루투스 등에게 암살되었습니다. 주요 저서로는 『갈리아 전기(Commentarii de Bello Gallico)』, 『내란기(內亂記, Commentarii de Bello Civili)』 등이 있습니다.

지역이 숲으로 뒤덮여 있었습니다.

그렇게 울창했던 독일의 숲도 인구가 증가하면서 엄청난 규모로 파괴되었습니다. 11세기부터 13세기에 걸쳐 대규모 벌채가 진행되었습니다. 13세기 말에는 인구가 증가하여 중부 유럽의 마을 수가 최고조에 달했지요. 상황이 악화하자 목재가 고갈될 수 있다는 공포가 만연해지면서 목재 부족 사태를 극복해보려는 노력이 시작되었습니다. 그중 하나가 사람의 힘으로 다시 숲을 만들어보겠다는 시도였지요. 그전까지는 인공적으로 숲을 조성한다는 것은 상상할 수도 없었는데 말입니다.

1358년에 독일 뉘른베르크의 페터 슈트로머(Peter Stromer, 1315~1388)는 수백 헥타르(ha)에 달하는 로렌츠 제국림(Lorenzer Reichswald)에 최초로 침엽수 씨를 파종(播種)하는 실험을 진행했습니다. 이전에는 나무에서 자연스레 씨가 떨어져 숲이 생기는 방식이었는데 그가 직접 씨를 뿌리는 파종조림을 시행하여 최초의 인공조림 방법을 시도한 것이지요. 선견지명이 있던 그도 당시에는 그의 혁신적인 작업이 다음 수세기 동안 꾸준히 실행되리라고는 예상치 못했다고 합니다. 그 결과 그는 '인공조림의 아버지' 또는 '인공 조림의 선구자'로 불리고 있습니다.

그 후 14세기에 흑사병을 거치면서 인구가 감소하고 벌목도 잠시 주춤했으나 17세기까지 넓은 면적의 숲이 수없이 개간되었습니다. 결국 중세 내내 숲은 인간의 필요에 의해 끊임없이 착취당했습니다. 그러자 17세기 중반 독일의 산림관이었던 카를로비치(Hans Carl von Carlowitz, 1645~1714)는 숲의 착취와 파괴에 대해 개탄하면서 '지속 가능성'의 원칙에 입각한 숲의 관리를 주장하였지요. 그의 주장은 오늘날 세계적 개념으로 정립된 '지속 가능한 개발(ESSD: Environmentally Sound and Sustainable Development)'의 시원으로 보기도 합니다. 이런 노력이 있었음에도 목재 수요는 줄지 않았고 이 궁리 저 궁리 끝에 대안으로 떠오른 것이 독일가문비나무(*Picea abies*)였습니다.

독일은 18세기 말부터 입지환경과는 상관없이 대부분 지역에 독일가문비나무를 널리 조림하였습니다. 이유는 단순했지요. 사람들이 필요로 하는 목재를 최대한 생산하기 위해서였습니다. 당시 유럽에서는 오래전부터 목재 부족 현상이 심각한 상태였는데, 생산성이 높은 독일가문비나무가 해결책으로 등장하였습니다. 때마침 등장한 '순이익 학설'의 원칙은 나무를 기초 자본으로, 나무의 생장을 연수익률로 생각하여 숲에서 가능한 한 많은 수익을 창출하는 것이었는데, 이를 충족시키는 대표적인 수종이 독일가문비나무였습니다. 지금도 독일가문비나무는 가구용 목재 생산에서 너도밤나무보다 2~3배의 이익을 창출하는 중요한 목재 공급원입니다.

독일가문비나무는 척박한 토양에서도 어떤 낙엽활엽수보다도 월등한 생장을 나타냈습니다. 게다가 규칙을 중시하고 정돈된 것을 좋아하는 독일인들은 가지가 불규칙하게 뻗는 참나무, 느릅나무, 피나무보다 줄기가 반듯하고 가지도 일정하게 자라는 독일가문비나무를 총애하였습니다. 하늘로 쭉쭉 뻗은 가문비들이 줄지어 선 숲의 모습을 보며 당시 독일 사람들은 무척이나 흐뭇해했습니다. 줄 맞춰 자라는 독일가문

경제적인 목적으로 독일가문비나무를 단순 조림한 모습. 영어 'spruce'는 독일가문비나무를 뜻하기도 하지만, '말쑥한'이란 뜻도 있습니다. (사진 제공 배상원)

비나무 숲은 마치 독일 병정들이 사열하는 모습을 연상케 합니다. 영어 'spruce(스푸르스)'라는 단어는 '(독일)가문비나무' 또는 '(독일)가문비나무 목재'라는 뜻 외에도 '말쑥한', '깔끔한'이라는 뜻이 있습니다. 또 'to spruce up'이라는 영어 관용구는 '말쑥하게 하다', '단장하다'라고 번역하는데, 독일가문비나무의 외형적 특징을 잘 표현한 단어입니다.

독일의 인공 조림 사업은 20세기 말까지 지속되었으니, 거의 200여 년의 역사를 가지고 있던 셈이지요. 그런데 20세기 후반부터 인공 조림의

독일의 대표적인 숲인 흑림의 독일가문비나무 인공림이 폭풍 '로타(Lotha)'에 의해 피해를 본 사진. 훼손지를 복원하거나 다시 조림하지 않고 당시의 상태로 그대로 보존하면서, 자연 스스로 변화하는 과정을 모니터링하며 교육의 장소로도 이용하고 있습니다. (사진 제공 배상원)

폐해가 나타나기 시작했습니다. 사람들이 심고 가꾸는 인공림은 태풍이나 병충해 등의 자연재해에 매우 취약하여 일순간 무너져버리기 쉽습니다. 특히 독일가문비나무 같은 단일 수종이 대면적으로 조림된 숲*은 계속 쌓인 잎으로 토양이 산성화될뿐 아니라 자주 출현하는 나무좀이나 가문비좀벌레 같은 해충에 특히 취약합니다. 버섯균류의 피해도 활엽수와 침엽수가 섞여 자라는 혼효림(混淆林)에서보다 단순림에서 더욱 커

* 한 종류의 수종으로만 조성된 숲을 단순림(單純林) 또는 순림(純林)이라고 합니다.

집니다. 또 독일가문비나무는 지표면 가까이에만 얕게 뿌리를 뻗는 천근성(淺根性)이기 때문에 폭풍이 불면 도미노처럼 연이어 쓰러져 조림지가 초토화되기 일쑤입니다. 독일가문비나무가 쓰러지고 부러져 뒤엉켜버린 숲에는 각종 병충해가 발생하여 2차 피해를 보고, 그 결과 회복불능 상태가 됩니다.

수천 년간 사람이 손대지 않아도 스스로 작동하는 자연의 메커니즘을 거스른 결과는 생각보다 참혹했습니다. 1999년 겨울에 불어 닥친 폭풍 로타(Lotha)의 피해로 독일의 대표적 숲인 남부의 슈바르츠발트(Schwarzwald, 흑림지대)에서 20여만 그루의 독일가문비나무가 쓰러졌습니다. 이 지역에서 약 10년간 벌채하는 양과 맞먹는다고 하니 그 피해가 얼마나 심각했던가를 알 수 있지요. 슈바르츠발트에서는 오랫동안 독일가문비나무를 지속해서 심어 토양이 산성화되었고,* 또 뿌리가 땅속 깊이 뻗지 않는 독일가문비나무의 특성 때문에 폭풍에 속절없이 무너지고 말았던 것입니다. 단일 수종으로 조림한 인공림과 달리 여러 수종이 골고루 섞여 자라는 자연림은 이러한 피해를 덜 입을 수 있습니다.

여러 종류의 나무가 수많은 경쟁과 다양한 재해를 겪으며 정착된 자연림은 인공림에 비해 상대적으로 안정적입니다. 목재의 생산면에서는 인공림보다 떨어지지만, 자연림은 각각의 입지환경에 적응한 수종들로 구성되고 다양한 동물들이 서식하여 생물다양성도 풍부하고 생태적으로도 건강하기 때문입니다. 원래 자연의 모습은 다양성을 존중합니다.

---

* 매년 잎을 떨구는 낙엽활엽수와는 달리 독일가문비나무 잎의 수명은 약 7년에 달하는데, 그동안 매연과 각종 오염물질로 뒤덮였던 잎은 토양 산성화를 가속합니다.

우리 사회에서도 비슷한 사람들끼리 모인 집단보다 다양한 사람들이 함께하는 조직이 훨씬 건강하고 창의적인 것과 같은 이치겠지요.

목재 생산이라는 경제성만을 최우선으로 생각했던 독일은 내시반청(內視反聽)의 세월을 겪은 후 숲 관리 방식을 바꾸는 작업이 진행 중입니다. 인위적이고 집중적으로 관리하는 경영 방식에는 세계의 선두에 서 있었지만, 반생태적인 인간 중심의 숲 경영은 그 부작용이 심각하다는 것을 알게 되었습니다. 그 사실을 깨닫는 데 꼬박 200여 년이 걸린 셈입니다. 그 결과로 새롭게 찾은 대안은 자연에 가까운 숲으로 다시 돌아가자는 방안이었습니다.

목재 생산성이 높아 독일에서 자주 심었던 독일가문비나무.

독일은 규범과 제도, 질서를 중시하는 나라입니다. 사회의 모든 부분이 제도와 규정에 따라 일사불란하게 움직입니다. 독일인이 즐겨 쓰는 표현 중에 'Alles in Ordnung?(알레스 인 오드눙?)'이라는 말이 있습니다. '다 잘돼가요?' 또는 '전부 괜찮지요?'라는 뜻인데, 직역하면 '모든 것이 규칙 속에 있습니까?' 또는 '모든 것이 제자리에 있습니까?'라는 말입니다. 이는 매사가 정해놓은 규정 안에서 움직여야 한다는 독일인의 사고와 정서를 단적으로 보여주는 표현입니다. 게르만족이 오랫동안 궁리하여 만든 틀은 합리적이고 타당한 것들이 많지요. 그러나 자연도 인간이 정한 기준과 틀 안에 억지로 집어넣고 작동시키려 했던 것이 문제였습니다. 200여 년간 인간의 마음대로 자연을 통제하고 관리하려다가 결국 백기를 들고 만 것입니다. 계산기를 두드려 가장 효율이 높은 것만 취할 수 없는 것이 바로 자연의 이치입니다. 자연은 우리의 계산법과는 다르게 작동하는데, 이제는 자연에 대한 예의와 존중이 필요한 때입니다.

구례 화엄사 구충암. 마당에 자라던 모과나무를 잘라 다듬지 않고 그대로 기둥으로 세웠습니다. 모과나무의 본성을 잃지 않도록 애쓴 스님의 마음을 헤아려봅니다.

옛 조상들은 자연 속에 그들의 문화를 자리 잡게 했지만, 자연의 모양새를 흩트려

놓거나 자연의 품위를 손상시키지 않았습니다. 자연을 위대하게 생각했지만, 거기에 압도당하지 않았으며, 자연과 가까이 지냈으나 섣불리 대하지도 않았습니다.

"자연스럽게 놔두면 다스려지지 않음이 없을 것이다(爲無爲 則無不治 위무위 측무불치)"라는 노자의 말씀을 다시금 되새깁니다. 나무와 풀, 수많은 동물이 하늘과 땅, 물의 힘을 빌려 자연스럽고 자발적으로 이룬 숲이 노자의 '무위(無爲)의 숲'이 아닐까요. 모든 존재가 자신의 본성에 따라 스스로 살아가게 놔두는 것, 숲의 경영 철학도 무위자연(無爲自然)으로 귀결되는 듯합니다.

4부

다시
돌아보기

지나온 삶의 흔적

古事來歷

고사내력

　몇 해 전 〈바르다가 사랑한 얼굴들〉이라는 영화를 보았습니다. 일상의 소소한 삶이 얼마나 중요한 것인가를 일깨워주는 영화였지요. 이 영화는 지금은 고인이 된 아녜스 바르다(Agnès Varda, 1928~2019)가 세상을 떠나기 2년 전에 만든 영화입니다. 그는 거리의 예술가이자 젊은 사진작가인 JR과 함께 포토 트럭을 타고 길 위를 달리면서 만난 평범한 사람들을 영상으로 담아 다큐멘터리 영화를 제작하였습니다. 그런데 단지 사람들의 모습만 찍는 것이 아니라 사람들을 만나 일상을 이야기하며 드러나는 얼굴의 '속내'를 잡아내고 그들과 함께 작품을 만듭니다. 찍은 사진은 크게 확대 인화하여 그들이 사는 삶의 현장에 붙여놓습니다. 자기가 사는 동네의 벽면에 큼직하게 붙은 자신의 초상. 아무도 관심을 기울

이지 않는 소시민들의 삶의 궤적을 얼굴과 장소를 통해 보여줍니다. 영화의 원래 제목이 "얼굴과 마을(Visages Villages)"*인 것도 그래서입니다. 아름답고 꾸밈없는 표정과 그 얼굴의 내력인 삶을 이야기하는 이 영화는 흔한 일상에서 우아함과 애잔함을 찾으려는 프랑스 영화의 한 단면을 보여줍니다.

얼굴은 지나온 삶이 어떠했는가를 알려주는 거울과도 같습니다.

조선시대에 그려진 초상화에는 주인공의 진솔한 얼굴뿐 아니라 내면 세계까지 표현하고자 노력한 흔적이 엿보입니다. 화가들은 초상화 한 폭에 그 사람의 품성과 정신을 담아냅니다.**

위 그림은 조선 후기의 학자이자 서예에 능했던 윤급(尹汲, 1697~

---

* 영어로는 'Faces Places'로 번역되어 있습니다.
** 동양에서는 초상화를 그릴 때, 인물의 외형적 특징뿐 아니라 그의 정신까지 담아내고자 노력하였는데, 이를 전신사조(傳神寫照)라고 합니다.

1770)의 초상입니다. 그는 대표적인 노론의 학자로 의리가 엄격하고 지조가 확고했으며 논의가 준엄했다고 합니다.

"작지만 흔들림 없는 눈빛과 유난히 길고 큰 콧대, 꽉 다문 입, 그리고 잔주름이 자글자글해서 어딘가 불편한 기색이 감도는 미간과 이마는 물론, 그렇지 않아도 검붉게 타오른 얼굴을 온통 뒤덮다시피 한 온갖 피부병의 상처와 흔적은 그로 인해 겪었을 울증(鬱症)과 화병까지 말해주는 듯하다"라는 강관식의 해설은 윤급의 품성과 지나온 삶을 초상에 투영시키면 쉽게 이해할 수 있을 것입니다. 영조의 탕평책을 반대하는 직언을 서슴없이 피력했다는 윤급의 강직하고 깐깐했던 품성이 이 초상에 그대로 드러나는 듯합니다.

한 사람의 얼굴에서 지나온 삶의 여러 층위를 찾아볼 수 있습니다. 피부과병원에서 자주 보이는 사진 중에 유명한 사진이 하나 있습니다. 미국의 한 노인의 얼굴 사진에서 한쪽이 심하게 주름지고 노화된 모습의 사진입니다. 그 이유는 20여 년 동안 트럭 운전을 하면서 햇빛에 얼굴 한쪽이 지속해서 노출된 광노화 때문이라고 합니다. 지난 수십 년간의 내력이 고스란히 얼굴 한쪽에 담긴 것이지요.*
사람의 얼굴에서 드러나는 기색과 표

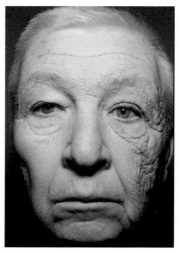

매일 장시간 트럭을 운전하던 69세의 미국 남성이 자외선에 지속적으로 노출되어 햇빛을 받은 한쪽 얼굴만 노화된 모습입니다.

정, 주름과 반점은 지나온 삶을 압축해서 보여주는 듯합니다. 이는 매년 쌓여서 생긴 나무의 나이테와 비슷합니다. 나무의 지나온 내력을 알 수 있는 나이테는 일종의 나무 연대기라고 할 수 있습니다.

1800년에 태어났으니 올해 일흔 살이었군. 나무꾼의 도끼만 아니었으면 500~600년이나 더 살 수 있었을 거야. 처음 몇 년은 아무 걱정 없이 자랐어. (……) 하지만 행복은 몇 년 가지 못했겠는 걸. 뿌리 가까운 곳의 영양분을 다 먹어버렸으니 좀 더 먼 곳까지 뿌리를 뻗어야 했겠지. 그런데 왼쪽이 돌밭이라 뿌리를 뻗기 힘들어 굶주렸겠군. 여기 영양실조로 노랗게 변한 흔적이 있네. 그런데 주인이 이것을 알고 돌을 치워주었는지 얼마 안 가 다시 건강해졌어. (……) 이것은 옆에 있던 참나무와 다투었던 흔적 같군. 아마 햇빛을 더 많이 받으려고 다투었거나, 좋은 흙에 뿌리를 더 뻗으려고 다투었겠지. 글쎄 뜻밖의 태풍이라도 불어왔는지, 아니면 주인이 참나무를 베었던지, 아무튼 옆에 있던 참나무가 뿌리째 쓰러진 것 같아. 다시 평화가 찾아왔네. 열매를 맺을 무렵에는 힘겨웠겠네. 열매를 만드는 일에 영양분을 다 쏟아서 그해의 줄기는 조금도 살이 오르지 못했어. (……) 가뭄이 들었던 해가 있었군. 겨울이 너무 추웠던 적도 있고. 여기 나무껍질 바로 아래에 있던 층은 동상에 걸렸던 거야. 맞아,

---

*   2012년 《뉴잉글랜드 의학저널(New England Journal of Medicine)》 366권 16호에 "편측 일사성 피부염(Unilateral Dermatoheliosis)"이라는 제목으로 실린 내용으로 매일 장시간 트럭을 운전하던 69세의 미국 남성이 자외선에 지속해서 노출되어 햇빛을 받은 한쪽 얼굴만 노화된 사례입니다.

내 기억으로도 1829년과 1858년 겨울은 정말 추웠지. 날아가던 까마귀가 얼어붙어서 떨어지기도 했던 겨울이었지.**

마치 동화 속 한 장면 같은 이 글은 곤충학자로 유명한 앙리 파브르가 쓴 글로 도끼에 의해 잘려 나간 밤나무의 나이테를 보고 나무의 과거 이력을 설명한 내용입니다. 흔히 곤충학자로만 알려진 파브르는 식물에도 관심이 많아 1876년엔 『식물(La Plante)』이라는 책을 출간하였습니다.*** 식물에 대한 따뜻한 시선과 예리한 통찰력으로 빚어낸 역작인 이 책의 첫머리는 "식물과 동물은 형제이다(La plante est sœur de l'animal)"라는 말로 시작합니다. 그만큼 식물과 동물은 밀접한 관계가 있다는 것이죠. 파브르는 유명한 미생물학자인 파스퇴르와도 교류가 있었으며, 영국의 찰스 다윈은 그의 『곤충기』의 독자이기도 해서 서로 서신을 교환하기도 하였습니다. 수많은 곤충을 탐구했던 파브르는 밤나무의 나이테를 꼼꼼히 살펴 밤나무가 살아온 삶의 비밀을 밝힙니다.

어느 해는 나이테의 폭이 넓다가 또 다른 해에는 촘촘히 붙어 있기도 합니다. 동그란 원을 그리다가도 한쪽이 찌그러지는 경우도 있습니다. 나이테에는 수분 부족이나 영양 부족, 해충 감염이나 산불 피해, 또는 열매의 생산 등과 같이 나무의 인생사와 그 지역의 역사가 고스란히 새겨집니다. 동그란 나이테가 일정한 간격으로 형성되어 있는 나무는 매년 별 탈 없이 자란 나무입니다. 우여곡절 없이 편안한 삶을 살아온 사람의

** 장 앙리 파브르 지음, 추둘란 옮김, 『파브르 식물이야기』, 사계절, 2011.
*** 국내에는 『파브르의 식물기』, 『파브르의 식물이야기』 등으로 번역 출간되었습니다.

영국 자연사박물관에 전시된 자이언트세쿼이아. 이 나무는 미국 캘리포니아 시에라 네바다에 살던 것으로 1891년에 베어졌다고 합니다. 당시 나이는 1,300년이었다니, 천 년 넘는 역사가 이 나무에 담겨 있습니다.

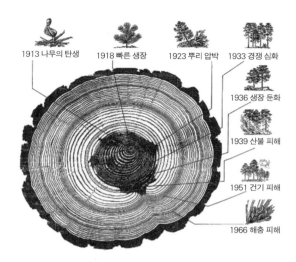

나이테에 숨은 나무의 이력.

1913 나무의 탄생   1918 빠른 생장   1923 뿌리 압박   1933 경쟁 심화

1936 생장 둔화

1939 산불 피해

1951 건기 피해

1966 해충 피해

얼굴은 세월이 흘러도 크게 변하지 않는 것처럼 말이죠.

　건축재로 으뜸으로 치는 황장목(黃腸木)은 강원도 지역, 특히 울진, 봉화, 춘양 지역에 자라는 소나무 중에 줄기가 반듯하며 나이테가 촘촘하고 균일하며 속이 누런빛을 띠는 소나무입니다. 이 지역 소나무는 조선시대에 왕실에서 궁궐을 지을 때나 관을 짤 때 사용했던 귀한 나무로 '황장봉계표석(黃腸封界標石)'이라는 표석을 세워 일반인의 출입을 금하게 하였습니다. 이 소나무는 나이테의 폭이 거의 1mm로 생장이 더디지만 매년 꾸준히 자라 재질이 단단하고 뒤틀림이 적으며 잘 썩지 않는다고 합니다. 우리도 오르락내리락 곡절 많은 널뛰기 인생보다 매년 꾸준하고 안정된 삶을 원합니다. 그래야 편안한 일생이 되니까요. 굴곡진 인생은 역동적이긴 하지만 한편으론 고단하기도 합니다. 건축재로 사랑받는 소나무도 이치가 같습니다. 특히 나이테의 폭이 들쑥날쑥하면 목재 강도도 낮을뿐더러 무늬도 썩 좋지 않습니다.

'오랜 연륜에서 나온' 또는 '연륜이 깊은' 등의 표현처럼, 보통 연륜(年輪)이란 오랫동안 쌓은 경험에서 나온 숙련의 정도를 의미하기도 하고, 한 해 한 해 쌓인 나무의 나이테를 뜻하기도 합니다. 나이테가 단지 나무의 이력과 나이만을 알려주는 것은 아닙니다. 나이테를 이용하여 과거의 자연환경이나 기후변화 양상을 분석하기도 하는데, 이러한 학문을 연륜연대학(年輪年代學, Dendrochronology)*이라고 부릅니다.

연륜연대학 분석 방법. 유사한 나이테 패턴을 서로 비교하는 크로스 데이팅(cross-dating) 작업을 통해 유물이나 유적의 제작 시기나 조성 시기를 규명할 수 있습니다. (모식도 제공 정현민)

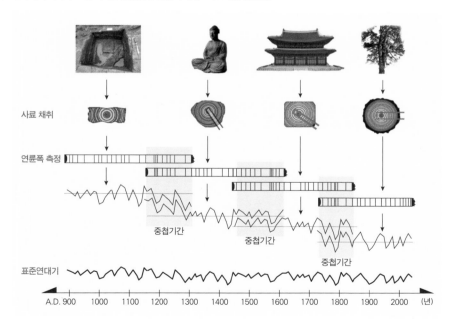

나무의 생장은 주변 환경에 영향을 받으므로 한 지역에서 자라는 나무끼리는 시대별로 독특한 나이테 패턴을 보이는 것이 일반적입니다. 그러한 특징 때문에 고건축 부재나 목재 유물로부터 얻은 과거의 나이테 패턴부터 지금의 나무 나이테와 비교해서 연결하면 장기간의 연륜 패턴이 만들어지고, 이런 패턴을 이용해 고건축물의 정확한 건축 시기는 물론 목조 불상의 조성 시기나 고가구의 제작 시기도 밝힐 수 있습니다. 경복궁의 경회루나 창경궁 통명전, 남원 광한루의 고건축물과 대원사 명부전의 지장존속불상도 이 연륜연대학 기법으로 정확한 조성 시기를 파악했다고 합니다. 또한 관재(棺材)를 분석하여 죽은 사람의 사망 시기를 짐작할 수 있다고 하니 놀랄 만한 기법이 아닐 수 없습니다.

연륜연대학은 환경 분야에서도 중요한 의미를 가집니다. 최근 국립공원관리공단에서는 지리산과 덕유산 등지에서 자란 80여 그루의 구상나무** 나이테를 골라 분석하였습니다. 연구팀은 태어나고 죽은 시기가 서로 다른 나무들을 체크하여 장기간의 생육 변화를 조사하고 동시에 기상청의 기후 자료도 비교 검토하였습니다. 그 결과, 갑자기 죽은 구상나무는 태풍 피해였을 가능성이 높고 서서히 죽어간 구상나무들은 봄철에 장기간 지속된 가뭄의 결과로 밝혀졌습니다.

---

* 미국 애리조나 대학의 천문학자 더글러스(Andrew Ellicott Douglass, 1867~1962)는 태양의 흑점 주기를 조사 하던 중, 나무의 나이테 생장과 과거 기후 요소의 상관성을 발견하고 이를 연구 발전시켰습니다. '나이테연대측정법'으로도 불리는 연륜연대학은 과거의 기후나 환경을 분석하는 데 자주 이용됩니다.

** 우리나라 특산종인 구상나무(Abies koreana)는 세계자연보전연맹(IUCN)의 적색목록(적색리스트, Red list)에 멸종 위기종(endangered, EN)으로 지정되어 있습니다.

우리나라 특산종이자 세계자연보전연맹이 멸종위기종으로 지정한 구상나무 군락. 여기저기 고사목이 보입니다.
제주도 한라산.

그런데 나무의 나이는 어떻게 알 수 있을까요? 물론 나이테를 보면 알 수 있지만, 나이테는 나무를 베어야 모습을 드러내니 쉽지 않은 일이지요. 그래서 사람들은 나무를 베지 않고 나이테를 알 수 있는 방법을 고안했습니다. 생장추(生長錐, increment borer)라는 간단한 기계인데요. 마치 긴 볼펜과 비슷하게 생긴 쇠파이프 끝에 나사형 날이 있어 나무의 줄기에 돌려 박아 넣게 되어 있습니다. 그리고 그 안에 들어 있는 쇠받침을 빼내면 연필 굵기만 한 목편(木片, core)이 함께 딸려 나오는데, 이 목편의 나이테를 측정하면 되는 것이지요. 이 방법은 나무줄기에 작은 구멍을 뚫는 것이지만, 생장에는 크게 지장이 없어 흔히 사용되는 방법입니다. 다만 노거수들은 규모가 크고 나무 속이 대부분 썩어 있어 생장추만으로 정확한 나이를 측정하기가 어렵습니다. 그렇다고 나무의 크기와 규모만으로 나이를 추정하기는 쉽지 않습니다. 사람도 키와 허리둘레만으로 정확한 나이를 가늠할 수 없는 것처럼, 나무도 장소와 주위 환경에 따라 생장이 더디거나 빠를 수 있기 때문이지요. 나무의 정확한 나이는 나무 자신만이 알 수 있으니 너무 연연할 수 없는 노릇입니다.

나무의 껍질에서도 지나온 삶의 흔적을 짐작할 수 있습니다. 우리의 주름처럼 나무도 나이가 들수록 겉껍질은 갈라지고 깊게 파이는데, 이것은 줄기의 부피가 커지면서 겉껍질이 점차 벌어지고 깊숙한 곳까지 균열이 생긴 흔적이지요. 오래된 소나무의 밑둥치 껍질은 마치 거북이 등껍질처럼 단단한 모양을 띠기도 합니다. 옛사람들은 이를 용의 비늘 같다고 하여 용린(龍鱗)이라고 부르기도 했습니다. 소나무의 깊이 팬 껍질은 그 나무가 살아온 경륜을 말해주는 듯 위엄이 있습니다.

나무의 나이를 측정하는
생장추 조사.

    나무의 나이테에 그간의 역사가 새겨지듯이, 굴곡진 삶의 흔적이 담긴 우리의 얼굴은 그 사람의 발자취가 됩니다. 막 태어난 아기의 얼굴은 남자아이인지 여자아이인지 모를 만큼 혼동됩니다. 서너 살 정도 되어야 제법 성별이 구분되지요. 그런데 나이가 많은 어르신들도 아기 때와 비슷한 양상을 보입니다. 주름 많은 얼굴에 짧은 머리를 하고 계시면, 할아버지와 할머니를 구별하기가 쉽지 않습니다. 다시 아이의 모습으로 돌아가는 듯합니다. 어린아이의 얼굴에서는 천진무구함을, 세월에 풍화된 노인의 얼굴에서는 만사 해탈한 모습을 읽게 되는 것은 저만의 느낌일까요.

    나이가 들면 자기 얼굴에 책임을 져야 한다는 말, 쉬운 듯하면서도 어려운 문제입니다.

아물지 않은 상처

創痍未瘳

창이미추

태평양 전쟁이 막바지로 치닫던 1943년, 일본은 극심한 물자 부족에 시달렸습니다. 자신들이 일으킨 전쟁에서 열세를 느낀 일본은 최후의 발악을 하였습니다. 일본은 인적 자원뿐 아니라 쌀, 광물, 목재 등은 물론 놋그릇이나 숟가락, 심지어 아주까리기름까지 닥치는 대로 수탈해 갔지요. 미국과의 전쟁 중에는 전투기의 연료가 부족하다 보니 송진까지 채취하여 전투기 연료로 사용하기도 하였습니다. 송진에서 얻은 테레빈유를 가공하면 품질은 떨어지지만 연료로 사용이 가능했기 때문입니다. 이를 위해 일제는 우리 민족을 강제 동원하여 소나무 송진 채취에 열을 올렸습니다. 수많은 자원을 우리나라에서 강탈해 가고도 모자라 소나무 송진마저 긁어모아 전쟁에 매달리는 그들의 야욕은 광분 그 자체였습니다.

송진은 용도가 많아 아주 오래전부터 이용되었습니다. 이미 기원전 4000년경에 고대 이집트인들은 미라를 방부처리하였는데 사용하였으며, 그리스와 로마시대에는 송진을 이용해 심지어 의치를 만들기도 했습니다. 동유럽에서는 1980년대까지도 송진 채취가 주목적인 임산업이 성행했습니다. 오스트리아 빈(Wien)의 남쪽에 위치한 헤른스타인(Hernstein)에서는 아직도 송진 채취가 이루어지고 있습니다. 요즘도 송진은 다양한 용도로 활용되는데 현악기 활이나 발레 슈즈 바닥에 묻히는 로진(rosin)*도 송진을 정제해 만든 것입니다. 그러나 우리에게 송진 채취는 일제강점기의 쓰라린 과거를 떠올리게 합니다.

일제가 송진을 채취하기 시작한 것은 1930년대 후반부터 본격적으로 시작되었습니다. 1938년 조선총독부 임업시험장에서는 송진 채취 시 주의 사항을 각 도에 전달하면서 송진 채취를 강요하였습니다.** 또한 당시 전라남도의 '공업용으로 소비되는 송진 채취 계획 수립'에 따르면, 면적이 약 320ha인 소나무 숲의 4만 8,000여 그루의 소나무에서 약 4만 6,000kg의 송진을 채취할 계획을 세우기도 하였으니, 거의 소나무 한 그루당 1kg의 송진을 채취할 계획이었던 것이죠.*** 강원도의 울창한

---

* '콜로포니(colophony)', 또는 '콜로포늄(colophonium)'이라고도 부르는데, 소아시아의 옛 도시 콜로폰(Kolophon)에서 유래되었습니다.
** 《동아일보》 1938년 8월 3일자 기사.
*** 《동아일보》 1938년 4월 12일자 기사.

강제로 끌려와 아소탄광에서 일하는 조선인 갱부.

송진을 채취한 소나무 목재 단면. 목질부에 송진이 침 입하여 전체가 검은색으로 변했습니다.

소나무 숲뿐 아니라 예로부터 소나무로 유명하여 수원 화성 축조와 궁궐의 목재 수급을 위해 봉산(封山)으로 지정되어 있던 충남 서해안의 안면도 소나무 숲도 큰 피해를 입었습니다. 특히 일본의 현 부총리 겸 재무대신인 아소 다로(麻生 太郎, 1940~)의 증조부인 아소 다키치(麻生太吉, 1857~1933)가 경영하던 아소상점(麻生商店)*이라는 일본 회사를 통해 수많은 소나무가 잘려 나갔으며, 약 10여만 그루의 소나무에서 송진을 채취하기도 하였습니다. 또 송탄유**를 생산하기 위해 조선인 총동원을 선포하고 송진과 솔가지 공출 할당량을 지정하여 어린아이들에게까지 관솔 따기 동원령을 내렸습니다.

송진을 채취하는 방법은 우선 소나무의 껍질을 목질부 깊이까지 몇 군데 벗겨낸 후, 수직으로 길게 홈을 파고 좌우로 비스듬한 홈을 여러 개 파서 전체적으로 Y자, 또는 V자 모양의 홈을 만듭니다. 그러면 송진이 그 홈을 타고 흘러 아래에 받쳐놓은 통 속으로 들어갑니다. 마치 고무나무에서 수액을 채취하는 것과 비슷한 방법이지요. 수확한 송진은 커다란 솥에 넣고 끓여 불순물을 제거한 후, 품질에 따라 여러 원료로 재가공합니다. 송진이 채취된 소나무는 그 상처가 쉽게 아물지 않으며, 목재

---

* 아소 다로의 증조부인 아소 다키치가 경영하던 아소광업(麻生鑛業)의 전신이 바로 아소상점(麻生商店)입니다. 우리나라에서는 종종 한자음대로 마생상점(麻生商店)이라고 표기하고 있습니다. 아소 다키치는 1926년 조선총독부로부터 안면도를 매수하여 산림 수탈을 했으며, 1930년대 일본의 아소탄광에서는 조선인 징용노동자 1,000여 명이 혹사당하기도 했습니다.

** 송탄유(松炭油)는 소나무 송진 채취 후 남은 재료에서 목탄과 기름을 생산하는 방식으로 1943년에 전북 산림과장으로 있던 고가 아키라(古賀明)가 처음 채취에 성공해 이 명칭이 사용되었다고 합니다.

로서의 가치가 떨어지는 것은 물론, 균류 침입이나 해충 피해 등 2차 피해를 보기 마련이지요. 이렇게 상처가 나면 스스로 아물도록 나무는 많은 노력을 합니다. 미국의 수목 관리 전문가인 알렉스 샤이고(Alex Shigo, 1930~2003)*** 박사의 연구에 따르면, 식물은 상처가 나면 우선 외부에서 침입하는 미생물이 퍼지지 못하도록 물이 이동하는 통로인 물관을 막거나 진액을 분비한다고 합니다. 그다음 미생물이 나무의 중심부로 침입하지 못하도록 세포가 방어막을 형성하지요. 또한 상처 부위의 형성층에서 캘러스(callus)라고 하는 새살이 돋아나 상처 부위를 감싸게 됩니다. 이때 형성층은 상처 난 부위에 붙이는 반창고 역할을 하는 셈입니다. 우리 피부에서 상처 난 부위가 서서히 아물면서 상처 주변에 굳은살이 생기는 것과 비슷한 과정이지요. 하지만 상처가 아물더라도 흉터는 남습니다.

지금도 전국의 시골 마을 주변이나 산속에서는 당시 송진을 채취한 자국을 그대로 지닌 채 살아가는 소나무를 볼 수 있습니다. 송진을 채취한 소나무의 줄기에는 V자 형태의 선명한 자국이 남아 있어요. 그 상처는 소나무뿐 아니라 우리의 마음 깊숙한 곳에도 새겨져 아직도 회복되지 않고 있습니다. 그야말로 창이미추(創痍未瘳)****라 아니 할 수 없습니다.

일본은 제2차 세계대전 동안 아시아 국가에 많은 죄악을 저질렀습니다. 특히 우리나라와 중국에는 끔찍한 일들을 자행했지요. 한국인과 중

*** 알렉스 샤이고는 미국 산림청에 근무하면서 수많은 나무를 조사하여 올바른 전정 방법을 제시하였으며, 나무의 활력과 부후를 측정하는 기구인 '샤이고측정기(Shiogo meter)'를 개발하여 수목 관리에 새로운 지평을 열었습니다.
**** '칼에 맞은 상처가 아직 아물지 않았다'는 뜻으로, 전란의 피해가 아직 회복되지 않았음을 이르는 말입니다.

일제강점기 송진 채취의 흔적이 남아 있는 소나무 모습. 아물지 않은 상처로 평생을 살아가야 합니다.

(사진 제공 이동혁)

국인에게 행한 야만적이고 극악무도한 일들은 일일이 열거할 수 없이 많습니다.

같은 시기에 유럽의 여러 국가와 민족에게 저지른 독일인들의 만행도 일본 못지않았습니다. 그러나 전쟁 후의 태도는 양국이 너무 달랐지요. 유럽을 전쟁의 소용돌이로 몰아넣고 유대인을 말살하려던 독일은 전후에 철저한 반성을 하였으며, 그 사죄는 아직도 진행 중입니다.

제2차 세계대전 직후 독일의 초대 총리였던 콘라드 아데나워(Konrad Adenauer, 1876~1967)*는 유대인에 대한 범죄를 인정하고 보상을 천명하였습니다. 또 1970년 12월에 독일의 수상 빌리 브란트(Willy Brandt, 1913~1992)**는 관계 개선을 위해 방문한 폴란드의 바르샤바 유대인 묘지 앞에서 무릎을 꿇고 사죄하였습니다. 원래 의전 절차에 없었던 브란트의 이 돌발 행동은 전 세계인들에게 독일의 진정한 사죄와 화해의 제스처로 받아들여져 차후 동방정책***이 결실을 보는 계기가 되었지요. 사람들은 "한 사람이 무릎을 꿇음으로써 독일 전체가 다시 일어섰다"라고 말합니다. 독일인들은 지금도 당시 나치의 만행을 끊임없이 사죄하고 그들이 자행한 치욕스러운 과거를 들추는 것도 주저하지 않습니다. 유

---

* 콘라드 아데나워는 '라인강의 기적'으로 불리는 경제부흥을 일으켰습니다. 독일과 프랑스의 우호 관계, 서유럽연합, 북대서양조약기구(NATO) 가입 등 전후 독일의 관계 개선에 힘썼습니다.

** 빌리 브란트는 옛 서독의 총리로 동서 화해 정책을 추구하여 동독, 폴란드, 체코슬로바키아 등과 화해정책을 이끈 공로를 인정받아 1971년 노벨평화상을 수상하였습니다. 본명은 헤르베르트 에른스트 카를 프람(Herbert Ernst Karl Frahm)으로 나치를 피해 반독재투쟁을 하면서 빌리 브란트라는 가명을 사용했다고 합니다.

*** 1960년대 빌리 브란트가 추진한 동유럽 국가들과의 관계 정상화를 위한 외교 정책을 말합니다.

유대인의 묘지 앞에서 무릎 꿇고 사죄하는 독일의 빌리 브란트 수상(1970).

대인과 집시를 강제로 수용하고 강제 노역과 가스실 처형 등의 잔혹한 행위가 자행된 아우슈비츠(Auschwitz)는 현재 유네스코 세계유산으로 등재되어 독일의 부끄러운 과거를 만천하에 드러내는 장소입니다. 독일인들은 과거의 뼈아픈 역사도 숨김없이 교육합니다. 제가 만났던 독일 젊은이 중에는 후대까지 이어지는 철저한 자기반성을 간혹 부담스러워하기도 합니다. 그럼에도 불구하고 그들은 자신의 과오를 인정하는 것에는 조금도 주저함이 없습니다. 비슷한 피해의 역사를 겪은 우리로서는 독일인들의 철저하고 지속적인 자기반성이 무섭기까지 합니다.

반면에 일본인들은 반성은커녕 과거의 잘못된 행위를 숨기고 부정하기 급급합니다. 일본에 유리하도록 수시로 말을 바꾸는 전략도 신뢰가 가지 않는 것은 물론 독도 문제나 역사 교과서 문제, 위안부나 강제 노역 문제 등에 관해서 끊임없이 왜곡하려는 것을 보면 한편으로는 측은한 마음마저 듭니다. 더 나아가 자국의 역사 교육에서도 이에 대한 언급이 거의 없어 일본의 젊은이들은 과거의 부정적 역사에 대한 정보와 인식이 부족하고 그릇되어 있습니다. 일본군 위안부 문제 합의 후 "다음 세대에게 사죄의 숙명을 지게 해서는 안 된다"라는 일본 아베 총리의 말은 독일인들이 철저한 반성과 교육을 후대에까지 이어가는 것과는 사뭇 다른 태도이지요. 일본은 한국과 중국 그리고 동남아시아에 자행한 만행은 언급하지 않고 원자폭탄에 대한 일본인 피해만을 강조하곤 합니다. '가해의 역사'를 '피해의 역사'로 뒤바꾸려는 일본의 가증스러운 속내를 전 세계가 모를 리 없는데도 자신들의 피해만 강조하고 정작 가해한 것에 대한 반성이 없으니 문제가 쉽사리 해결될 수 없지요.

일본인들은 '이미 충분히 사과했다'고 항변합니다. 그러나 일본과 한국이 아닌 제삼자의 입장에서도 전후 일본 위정자들의 이러한 태도가 옳지 않게 느껴졌던 모양입니다. 『총·균·쇠』라는 책으로 퓰리처상을 받은 세계적인 문화 인류학자이자 문명연구가인 재레드 다이아몬드 (Jared Mason Diamond, 1937~)는 『대변동: 위기, 선택, 변화』라는 책에서 "일본의 사과가 억지로 꾸민 듯하고 설득력 없게 들리기 때문이다. 게다가 일본의 책임을 최소화하거나 부인하는 발언이 뒤섞여 진정성이 떨어진다"고 평가합니다.

독일과 일본의 입장 차이가 국민성 외에도 혹시 지정학적인 것에서

기인한 것은 아닐까 하는 생각도 듭니다. 독일은 유럽 대륙의 거의 중앙부에 자리 잡고 있기 때문에 싫으나 좋으나 주변 국가와 수시로 옷깃을 스치고 부대끼며 살아갑니다. 그에 반해 일본은 직접 국경을 맞대고 있는 국가가 없고 바다 한가운데 동떨어져 있다 보니 독일처럼 주변국과의 직접적인 접촉이 적습니다. 그 결과 그들만의 생각과 판단에만 갇혀 지금의 결과로 이어지는 것은 아닐까요.

일본인들은 지난 과거를 인정하지 않는 것은 물론 많은 문제를 땅속에 숨겨두려 합니다. 그러나 그것은 오랜 기간이 지나도 썩어 없어지지 않을 것입니다. 설령 땅속에서 분해된다 하더라도 자양분으로 남는 것이 아니라 독이 되어 일본이란 나무를 서서히 시들게 할 것입니다. 그리하여 일본의 영혼마저 병들게 하는 일임을 명심해야 할 것입니다.

누구나 몸과 마음에 상처 하나쯤은 지니고 삽니다. 때로는 칼에 베인 상처보다 말에 베인 상처가 더 깊고 오래가는 법이지요. 세 치 혀를 함부로 놀려 뱉어내는 말은 타인에게 깊은 상처로 남아 오래도록 지워지지 않습니다. 소나무의 상처가 어서 아물기를 기다립니다.

죽은 불씨가 다시 살아나다

死灰復燃

사회부연

매년 봄철이면 산림청에 근무하는 분들은 긴장합니다. 바로 산불 때문이지요. 아무리 숲을 잘 가꾸어도 작은 부주의에 의해 산불이라도 발생하면, 그 피해가 엄청나서 수십 년간의 노력이 한순간에 재로 변하니까요. 인간의 부주의로 발생한 실화가 산불 발생 원인의 90% 이상을 차지한다고 하니 사소한 것일지라도 조심해야 합니다. '꺼진 불도 다시 보자', '자나 깨나 불조심'은 예전에 학교나 관공서에 자주 붙었던 불조심 표어입니다. 작은 불씨라도 소홀히 할 수 없는 것은 다 꺼진 듯하던 불씨가 다시 살아나 온 산과 들을 불태우기 때문입니다.

사마천의 『사기(史記)』「한장유열전(韓長孺列傳)」에는 다음과 같은 이야기가 전해옵니다.

전한시대 양(梁)나라 효왕(孝王)의 신하 중에 한안국(韓安國)이라는 관리가 있었는데, 어느 날 법을 어겨 감옥에 가게 되었습니다. 그곳의 간수인 전갑(田甲)이라는 자가 그를 자주 괴롭히자, 한안국은 "사그라진 재에서도 다시 불이 일어난다는 것을 모르느냐"고 일갈하였습니다. 이 말을 들은 전갑은 "설사 다시 불이 살아난다 해도 오줌을 누어 꺼버리마"라고 비아냥거렸지요. 얼마 후 감옥에서 풀려난 한안국은 양나라의 내사(內史)에 올랐고 이 소식을 들은 전갑은 보복이 두려워 도망갔으나, 복귀하지 않으면 일족을 멸한다는 전갈에 돌아와 엎드려 사죄하였습니다. 그러자 한안국은 전갑에게 "자, 어서 오줌을 누어 불을 꺼보아라" 하면서 껄껄 웃고는 그를 용서했다고 합니다. 죽은 불씨가 다시 살아난다는 사자성어 사회부연(死灰復燃)의 유래입니다. 감옥에 있던 사람이 나중에 다시 큰 벼슬을 할 줄 누가 알았겠습니까? 전갑은 한 치 앞을 내다보지 못하는 사람처럼 한안국을 대했던 것이죠.

사람의 앞날을 예단하기 어렵듯이 작은 불씨가 어떻게 번져나갈지 아무도 모를 일입니다. 2019년 4월 초에 발생한 강원도 고성과 삼척의 산불로 1,760ha가량의 숲이 소실되었습니다. 여의도 면적의 6배에 해당하는 면적이니 규모가 엄청납니다. 이 산불은 고성군 토성면의 도로변에 있던 전신주의 스파크에서 최초로 불이 발생했습니다. 작은 불꽃 하나가 강원도 동해안 지역을 화마에 휩싸이게 했던 것이죠. 결국 노후화된 고압전선과 한국전력의 부실 관리의 인재가 그 원인으로 밝혀졌습니다. 특히 이번 산불에는 고성, 삼척, 속초, 강릉, 동해 지역이 피해가 컸다고 합니다. 강원도 동해안 지역은 과거에도 산불이 빈번하게 발생하였는데, 1996년에는 고성에서, 2005년에는 양양에서, 2017년에는 삼척과 강릉에서 산불이 발생하여 거의 10여 년을 주기로 대형 산불이 발생하고 있습니다. 2005년 양양 산불에는 낙산사가 전소되고, 동종이 녹아내릴 정도로 엄청난 피해가 났을 뿐 아니라 그 지역의 산림생태계도 바꿔놓았습니다.

『조선왕조실록』에서도 강원도 양양, 고성, 삼척 등지의 산불에 관한 내용이 자주 보입니다. 각종 기록에 따르면 조선시대 산불발생은 총 63건 나타나는데, 전체 산불의 60%가 고성, 양양, 강릉, 삼척 등 동해안 지역에서 발생하였다고 합니다. 조선 초인 성종 20년(1489) 3월 14일에는 "산불이 나서 양양부(襄陽府) 주민 205호와 낙산사 관음전이 연소되고, 간성 향교와 주민 200여 호가 일시에 모두 탔다"라는 기록이 있습니다. 그 외에도 헌종 13년(1672), 순조 4년(1804), 철종 10년(1859)에는 '양양, 강릉, 삼척, 간성, 고성, 울진' 등지에서 산불이 발생하여 가옥이 불타고 사망자가 속출하였다는 기록이 있습니다. 특히 1804년에 발생한 강원 산불에는 민가 2,600여 호와 사찰 6곳, 창고와 배까지 불에 타고 사망자가 61명이나 발생하는 대화재가 있었습니다. 대부분 양력으로 4~5월 봄철에 발생한 산불이었습니다. 예나 지금이나 산불은 건조한 봄철에 자주 발생합니다.

이처럼 강원도 강릉, 양양, 고성에서 예전부터 산불이 자주 발생하는 데에는 그럴 만한 이유가 있습니다. 이 지역이 건조하고 바람이 심해 산불에 취약한 입지환경을 가지고 있기 때문이지요. 산불의 발생 원인이

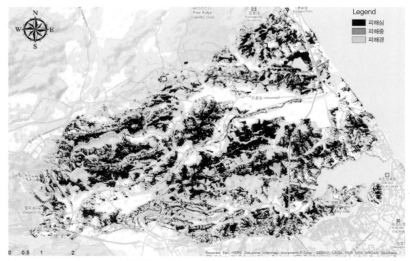

2019 고성−속초 산불피해강도. 아리랑 3호 위성사진. (사진 출처 국립산림과학원)

대부분 인재이지만, 산불이 확산하는 데는 서쪽에서 불어오는 바람이
태백산맥을 넘으며 건조해진 봄철 기후와 국지적 강풍도 주요 원인 중
하나입니다. 이 바람을 양양(襄陽)과 간성(杆城)* 지방에 잘 나타나는 바
람이라 하여 '양간지풍(襄杆之風)'이라고 합니다. 게다가 이 지역은 건조
하다 보니 다른 지역보다 지온(地溫)이 높습니다. 1970년대부터 2000년
대 초까지 30여 년간의 전국 지온을 분석한 연구 결과에 따르면, 강릉지
방의 지표면에서 10cm까지의 지온은 같은 위도의 서쪽 지역보다 높다
는 결과가 나타났습니다. 지표면에서 10cm 아래의 3월의 강릉 지온은
6.3℃로 이는 충남 서산 지역과 같은 값입니다. 또 지표면에서 10cm 아

* 간성(杆城)은 강원도 고성 지역의 옛 지명을 말합니다.

산불로 거의 모든 숲이 타버린 강원도 옥계의 산불 현장. (사진 제공 배상원)

래의 5월의 지온은 19.2℃로 이는 같은 달 부산의 지온과 같습니다. 다시 말해 봄철에 강릉 주변의 토양 온도가 다른 지역보다 높다는 것을 의미하지요. 본격적으로 식물의 싹이 나기 전인 초봄에는 건조한 기후 탓에 땅 가까이 있는 유기물들도 바짝 말라 있어, 산불이 발생할 경우 일종의 불쏘시개 역할을 합니다. 특히 산불이 집중적으로 발생하는 4~5월에 다른 지역보다도 훨씬 높은 강릉 지역의 지온은 산불이 발생하면 걷잡을 수 없을 정도로 번져나가는 데 일조합니다.

최근의 산불은 담뱃불이나 논두렁을 태우다 불이 옮겨 붙어 대규모 산불이 일어나는 경우가 대부분이지만 2019년 강원도 고성의 산불처럼 의외의 원인으로 발생하기도 합니다. 산불이 나면 나무만 피해를 보는 것이 아닙니다. 그 숲에 사는 동물과 산림생태계의 중요 요소인 토양 피

2019년 4월에 발생한 고성 산불. 도로변 변압기에서 시작된 것으로 추정되는 불이 나 산과 시내로 번졌습니다.

해도 심각합니다.

　산불의 원인이 여러가지인 것처럼 산불이 번지는 양상도 여러 가지가 있습니다. 소나무류가 많은 동해안에서는 불길이 바람을 타고 수관으로 옮겨가는 수관화(樹冠火)가 많은데, 알다시피 소나무류는 송진 성분이 많아 생가지도 불에 잘 타기 때문입니다. 또한 솔방울이 바람을 타고 날아가기 때문에 큰불로 번지기 쉽지요. 땅 위에 쌓여 있는 낙엽이나 관목층이 불에 타는 지표화(地表火)에서 시작한 불일지라도 나무줄기를 타고 올라간 불이 수관에 붙으면 매우 빠르게 번집니다. 게다가 바람이라도 불라치면 수관에 붙은 불은 바람을 타고 인근의 다른 소나무 수관에 옮겨 붙어 마치 불이 천지사방으로 날아다니는 형국입니다. 그런 산불은 고속도로를 가로질러 다른 지역의 소나무 군락으로까지 번지기도 합니다. 그렇기 때문에 우리나라 산불의 대부분을 차지하는 수관화는 진화가 가장 어렵고 피해도 큽니다. 특히 어린나무들이 모여 자라는 유령림(幼齡林)의 나무들은 수피가 얇을 뿐 아니라 나무의 세포분열에 핵심적인 역할을 하는 형성층이 약 50~60℃에도 파괴되는데, 소나무의 송진에 불이 붙으면 1,000도 이상의 열기를 내뿜는다고 하니 그 피해는 치명적일 수밖에 없지요. 세포분열이 왕성한 봄철의 산불은 그래서 더욱 위험한 것입니다.

2005년 양양 산불로 낙산사는 수십 채의 사찰 전각이 소실되었고, 산불은 종루를 다 태우고도 모자라 범종까지 녹여버렸습니다. 이처럼 산불은 모든 것을 앗아갑니다. 불이 꺼져버린 듯해도 재 속에 남아 있는 잔불씨들이 다시 살아나는 경우가 많아 진화에 애를 먹이지요.

한편 남부지방에 자라는 상록활엽수는 소나무에 비해 산불에 비교적 강합니다. 대표적인 나무로는 동백나무, 가시나무, 아왜나무를 들 수 있는데, 이는 나무의 잎이나 줄기에 수분을 많이 함유하고 있기 때문입니다. 전북 고창의 선운사나 전남 강진의 백련사 대웅전 뒤쪽에는 동백나무가 대웅전을 에워싸듯이 숲을 이루고 있는데, 이 동백나무 숲은 대웅전을 화마로부터 보호하는 방화림 역할을 톡톡히 합니다. 국립산림과학원의 연구에 따르면 아왜나무 잎의 자연발화온도*는 745℃로 남부지방의 난대림에서 자라는 14종의 나무 중 가장 높습니다. 남부지방에서는 붉은 열매가 아름답고 불에 강한 이 아왜나무를 울타리로 심은 것을 흔

---

* 자연발화온도란 외부로부터 불꽃이나 화염이 직접 닿지 않더라도 불이 붙는 최저 온도를 말합니다.

일명 '방화수(防火樹)'라는 별칭을 가진 아왜나무의 잎과 열매(사진 위), 수피(사진 아래).

히 볼 수 있는데, 꽃과 열매가 아름다운 아왜나무가 일종의 방화벽 역할도 하기 때문입니다. 또 은행나무나 굴참나무, 북미 대륙의 자이언트세쿼이아(Sequoiadendron giganteum)는 수피가 두꺼워서 다른 수종들에 비해 산불 피해가 상대적으로 적습니다. 특히 자이언트세쿼이아는 수피의 두께가 거의 30cm에 달해 웬만한 불에는 피해를 보지 않습니다. 오히려 자이언트세쿼이아는 산불이 난 직후에 솔방울을 떨어트리고 그 열기를 이용하여 씨를 퍼트리기도 하니, 얼마나 산불에 강한지 짐작할 수 있습니다.

최근에는 동해안에 소나무 대신 굴참나무나 다른 낙엽활엽수를 심자는 의견도 있습니다. 굴참나무는 건조지에 잘 자라며, 코르크로 된 수피가 두꺼워 산불에 비교적 잘 견디는 수종으로 알려져 고려해볼 만합니다. 그러나 입지환경이 낙엽활엽수에 부적합하다는 의견과 송이 생산이 중요한 수입원인 사유림의 경우 수종 변경이 쉽지만은 않은 듯합니다.

산불이 나면 지상과 지하의 생물도 피해를 봅니다. 그리고 산불 후에는 토양침식이 심해지고 지표의 유기물이 사라지므로 보수력이 낮아지지요. 강원도 산불 피해 복원지의 생태계 변화를 20년간 모니터링해온 국립산림과학원에 따르면, 산불이 난 후 복구까지 어류는 3년, 개미는 13년, 조류는 19년, 경관 및 식생은 20년, 야생동물은 35년, 토양은 100년 이상의 시간이 필요하다고 합니다. 거의 100여 년이 지나야 산림생태계가 다시 회복될 수 있다는 이야기지요.

수많은 생물이 모여 사는 숲속은 제행무상(諸行無常)의 장입니다. 오랫

동안 변치 않을 것 같은 숲의 모습도 천재나 인재에 의해 수시로 뒤바뀌는 것이 자연의 이치입니다. 산불로 시커멓게 타버린 지역도 시간이 지나면 다시 살아나기 시작하겠지요. 그렇더라도 가능하면 인재에 의한 산불은 최대한 막아야 할 것입니다. 사소한 일의 결과는 전혀 사소하지 않습니다. 작은 일이라도 처음에 그르치면 나중에 큰일이 됩니다. 이곳저곳에서 큰 재난을 겪었음에도 대수롭지 않게 여기는 우리의 안전불감증은 여전한 것 같습니다.

2019년 5월 10일 전남 영광의 한빛 원전 1호기의 열 발생 속도를 조절하는 '제어봉 제어 능력 측정 시험' 도중에 열 출력이 제한치를 훨씬 넘어 올라갔다고 합니다. 그럴 경우 즉시 원자로를 정지시켜야 하지만, 원전 1호기는 12시간가량 더 가동되었습니다. 이 사고는 1986년 우크라이나에서 발생한 체르노빌 원전 사고 발생 직전까지 가는 중대한 사고였다고 전문가들은 지적합니다. 원래 제어봉 제어 능력 시험은 위험도가 높아 반드시 면허를 소지한 전문가가 조작해야 합니다. '원자력안전법' 제84조에 따르면 "원자로의 운전이나 핵연료물질 · 방사성동위원소 등

전남 영광에 위치한 한빛
원자력발전소 전경.

의 취급은 대통령령으로 정하는 바에 따라 위원회의 면허를 받은 사람
이나 국가기술자격법에 따른 방사선관리기술사가 아니면 이를 할 수 없
다"라고 명시되어 있지만, 당시 제어봉 편차를 조정하는 과정에서 무자
격자인 정비부서 정비원이 제어봉을 조작했다고 합니다. 그는 열 출력
이 제한치를 넘으면 즉시 가동을 중단해야 한다는 관리 규정을 몰랐던
것이지요.

원자력안전위원회의 관계자는 "만약 비상 장치가 고장이라도 난 상태
였더라면, 일본 후쿠시마 원전과 같은 방사능 유출 사고가 발생할 가능
성도 있었다"라고 합니다. 얼마나 끔찍한 일인가요. 그런데 당시 신문 기
사에는 특히 무자격자인 정비부서 정비원의 조작이 잘못되었다고 하면
서, '무자격자'에 따옴표를 붙여 강조하였습니다. 자격자냐 무자격자냐
라는 논란도 중요하겠지만, 자격자라도 설마 또는 이 정도쯤이라는 순
간의 방심이 화를 키웁니다. 간수였던 전갑이 한안국을 '설마' 하고 함부
로 대했다가 졸경을 치렀듯이 대수롭지 않게 여기는 태도가 돌이킬 수
없는 재앙을 불러옵니다. 우리가 마음을 다잡았던 처음의 순간, 초심을
절대 잃지 말아야 하는 이유입니다.

제 분수를 알아야

止足之戒

지족지계

　본질에 집중하자는 미니멀리즘(minimalism)은 미국에서 1960년대부터 본격적으로 유행하기 시작했습니다. 음악과 미술뿐 아니라 문학과 건축까지도 영향을 끼친 이 흐름은 우리의 일상생활로도 번져나가 미니멀 라이프를 탄생시켰습니다. 애플의 창업자 스티브 잡스도 미니멀 라이프를 추구했다고 알려져 있습니다. 최소한의 것으로 의식주를 해결하자는 미니멀 라이프는 특히 젊은 세대에게 하나의 유행으로 자리 잡아 소비 트렌드도 바꿔놓았습니다.

　하지만 이 땅에는 이미 수많은 선비가 청빈한 삶을 살며 미니멀 라이프를 실천하였습니다. 조선 초 학자였던 유관(柳灌, 1484~1545)은 겨우 비만 피할 수 있는 집*을 짓고 살았고, 초가집 정승으로 알려진 이원익

전 김홍도, 〈자화상〉으로 추정, 18세기. 형형한 눈빛, 정좌한 자세, 그리고 단출한 방안의 풍경이 조선판 미니멀 라이프를 보여주는 듯합니다.

(李元翼, 1547~1634)은 청백리로 많은 이의 귀감이 되었지요. "비바람도 가리지 못하는 몇 칸의 초가집에 살면서 떨어진 갓에 베옷을 입고 지냈으므로 보는 이들이 그가 재상인 줄 알지 못했다"라는 『인조실록』의 기록에서 이원익의 청빈한 삶을 엿볼 수 있습니다. 또 백비(白碑)로 유명한 박수량(朴守良, 1491~1554)은 심지어 임금이 걱정할 정도로 청빈하게 살았다고 합니다. 『명종실록』에는 "그가 죽었을 때 집에는 저축이 조금도 없어서 처첩들이 상여를 따라 고향으로 내려갈 수가 없었으므로 대신이 임금께 계청하여 겨우 장사를 치렀다. (……) 그의 청렴은 천성에서 나

---

* 유관의 집은 '가릴 비(庇)'에 '비 우(雨)'자를 써서 비우당(庇雨堂)이라 하였습니다.

온 것이지 학문의 공이 있어서가 아니었다"라고 기록되어 있습니다. 명종은 그가 죽은 후 묘비를 내려주면서 "박수량의 청백함을 알면서 묘비에 그 공적을 새기는 것이 오히려 그에게 누가 되는 일"이라며 비문 없이 그대로 세우라고 명하며 '백비(白碑)'라는 별칭이 붙게 되었다고 합니다.** 극단까지 밀어붙이며 청렴하게 살았던 조선 선비의 이야기는 동화처럼 들리지만, 그들은 현대의 미니멀리즘을 이미 중세에 실천했던 선각자들이었습니다. 무욕염담(無慾恬淡). 마음마저 비웠던 이분들이야말로 진정한 미니멀리스트들이었던 셈이지요.

미니멀 라이프는 번다한 우리 사회에 시사하는 바가 큽니다. 공간도 줄이고 물건도 꼭 필요한 것만 남겨 단출한 삶을 살자는 것이니 환경보호에도 일조하는 방식입니다. 일상에서 이를 실천하기 위해서는 좀 더 마음을 다잡아야 합니다. 비교적 넓은 공간에서 살다가 비좁은 집으로 이사를 가면 심란합니다. 큰 집에서 작은 집으로 옮겨가는 것이 인생의 내리막길처럼 느껴지는 열패감도 그렇겠지만, 무엇보다 작은 공간에 맞게 짐을 줄여야 한다는 점도 무시할 수 없습니다. 욕심을 버리자고 다짐하면서도 물건은 쌓여가는 이율배반적인 생활에 한숨이 절로 납니다. 주변을 둘러보면 온통 나를 유혹하는 물건들로 넘쳐납니다. 비슷한 물건이 있어도 새롭고 신묘한 물건이 끝없이 등장해 옷소매를 붙잡습니다. '이건 꼭 사야 해', '이건 내가 꼭 찾던 물건이야' 등등 이유를 붙여 합

** 명종이 백비를 하사했다는 기록은 『조선왕조실록』이나 기타 역사 기록에 나오지 않아 진위를 입증하기 어렵다는 견해가 있습니다(박균섭 지음, 『선비와 청빈』, 역락, 2019, 83쪽 참조).

리화시킵니다. 물욕뿐 아니라 일에 대한 욕심도 마찬가지입니다. 욕심을 끊어내고 유혹을 뿌리치기 위해서는 내공이 필요합니다.

한동안 책을 열심히 사 모은 적이 있었습니다. 직업이 선생이다 보니 어찌 보면 당연한 듯 보이지만, 그것만도 아니었습니다. 책장이 모자라 이중으로 책을 꽂고 책상과 바닥에도 책이 쌓여갔습니다. 마치 책이 금덩이라도 되는 양, 방 안에 책이 그득하게 쌓이면 괜히 흐뭇했습니다. 물론 필요하고 읽고 싶은 책들이었지요. 그렇다고 그 책들을 전부 다 읽은 것은 아닙니다. 일부는 책장의 장식품이 되기도 했지요. 알 수 없는 헛헛한 내면을 책이라는 물건이 채워줄 것이라고 착각했는지도 모릅니다. 책의 물리적 형상에만 마음이 사로잡혔던 것은 아닌지 반성해봅니다. 종이책들이 점점 줄어든다고 하니 제 방의 책들도 머지않아 처치 곤란할 상황이 올 것 같은 예감이 듭니다. 언젠가 피천득 선생님의 서재 사진을 보고 놀란 적이 있습니다. 서울대학교 교수를 역임하시고 주옥같은 글을 쓰셨던 선생님의 서재라 방에는 책이 산더미처럼 쌓여 있을 줄 알았지요. 그런데 초등학생의 책장이라고 할 정도의 소박하고 작은 책장에 몇 권 되지 않는 책들만이 꽂혀 있는 것 아닌가요. 예전에 갖고 계시던 많은 책을 나눠 주시고 꼭 필요한 책만 갖고 계셨답니다. 비움으로써 오히려 넉넉하고 여유로운 선생님의 서재에서 의외의 신선함을 느꼈습니다.

우리는 모든 것에 과할 정도로 욕심을 부립니다. 최소보다는 최대를 미덕으로 삼고 달려갑니다. 오랫동안 굶주렸던 시절의 트라우마가 우리의 마음을 지배하는 것일까요. 조선 후기의 실학자 최한기는 "청렴과 탐욕은 본래 가진 본성이지 빈부귀천에 달린 것이 아니다"라고 말하지만, 탐욕을 부추기는 사회에 사는 우리에게 청렴한 본성을 갖기란 수월치 않습니다. 말 타면 경마 잡히고 싶은 것처럼 우리의 욕심은 끝없이 내달립니다. 끝내 잡히지 않을 그 욕심을 잡으려 헉헉대다가 불현듯 깨닫습니다.

'아~ 나는 어디로 가고 있는가!' 이 허망한 물음과 답을 얻는 데 평생이 걸리는 사람도 많겠지요.

그런데 탐욕의 경계는 모호합니다. 월세를 사는 이에게는 집 한 채를 장만하려고 애쓰는 사람이 과욕을 부리는 것처럼 보일 수 있을 겁니다. 그런데 또 그 사람은 몇 채의 집을 소유하고도 모자라 목 좋은 아파트에 투자하는 사람을 탐욕스럽다고 하겠지요. 탐욕이란 이처럼 상대적인 것이라 그 경계를 정하기 어렵습니다. '검소하면서도 누추하지 않고, 화려하면서도 사치스럽지 않게(儉而不陋 華而不侈 검이불루 화이불치)' 사는 것이 가장 좋겠지만, 그게 쉽지 않습니다. 자기 분수를 알고 만족할 줄 아는 지혜를 갖는다는 것이 쉬웠다면 선인들이 그리 누차 강조하지 않았겠지요. 누가 더 좋은 것을 더 많이 차지하는가로 전력 질주하는 이 시대에 비우며 사는 것은 진정 어려운 일일까요.

"빗방울이 연잎에 고이면 연잎은 한동안 물방울의 유동으로 일렁이다가 어느 만큼 고이면 수정처럼 투명한 물을 미련 없이 쏟아버린다." 이

감당할 무게만큼만 물방울을 머물게 하는 연잎의 지혜.

시대의 선승으로 많은 이들의 영혼을 맑게 해준 법정 스님의 「연잎의 지혜」라는 글의 한 구절입니다. 비가 오면 연잎 위에 물방울이 달리기라도 하듯 이리저리 굴러다닙니다. 마치 아이들이 운동장에서 뛰어다니는 것처럼 도르르 내달립니다. 작은 물방울들이 모여 어느 정도의 크기가 되면, 연잎은 한쪽을 살짝 기울여 물방울을 쏟아 버립니다. 어렸을 때는 이 광경이 너무도 신기하여 하염없이 바라본 적이 있었지요. 물이 살아 있는 생명체처럼 느낀 것도 그때였습니다.

연잎은 식물의 잎 중에서도 크기가 매우 큰 편이라 예전에는 일산(日傘)이나 우산으로도 썼습니다.* 게다가 연잎은 다른 식물의 잎과 달리 하늘을 향해 펼쳐져 있어 빗방울을 온전히 받아야 하는 형상입니다. 그러다 보니 얼마간의 빗방울을 감내할 수 있는지를 연잎 스스로 알아차려야 합니다. 만약 떨어지는 빗방울을 고스란히 끌어안고 있다면 연잎은 찢어지거나 연잎 대가 부러졌을 겁니다. 연잎은 제 분수를 알고 '감당할 무게만큼만' 잎 위에 머물게 한 것이지요. 지족지계(止足之戒)를 실천하는 연은 제 분수를 모르고 날뛰는 사람보다 지혜로운 식물입니다.

연이 제 분수를 지키게 된 데에는 연잎에 돋아난 미세한 돌기 덕분입니다. 연잎 표면은 왁스 성분으로 구성되어 있고 5~10μm(마이크로미터)** 크기의 미세한 털 같은 돌기들이 나 있습니다. 이 돌기 사이에는 공

---

* 예전에는 연잎으로 옷까지 만들었다고 하는데, 이를 '하의(荷衣)'라고 합니다. 고사(高士)나 은자(隱者)가 입는 옷을 비유한 말로도 쓰입니다.

** 1μm는 1,000분의 1mm입니다. 미세먼지는 보통 10μm 이하인 입자를 말하고 초미세먼지는 2.5μm 이하의 입자를 뜻하니, 연잎의 미세 돌기는 거의 미세먼지 크기와 비슷하다고 할 수 있겠지요.

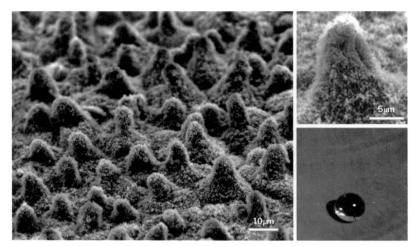

연잎 표면의 작은 돌기들과 그사이의 공기층이 물방울을 달라붙지 못하게 합니다.

기가 들어가 있어 물 분자를 밀쳐내게 됩니다. 이처럼 어떤 물질과 물 분자가 서로 밀어내는 성질을 소수성(疏水性, hydrophobic)이라 하는데, 이때 그 물질은 물 분자와 쉽게 결합하지 못해 물방울이 생깁니다. 갈대나 한련화의 잎, 곤충의 날개는 소수성이 있어 물 분자를 튕겨냅니다. 그 반대로 물 분자를 끌어당기는 성질을 친수성(親水性, hydrophilic)이라 합니다. 물이 소수성을 띤 연잎 표면에 떨어지면, 물방울을 평평하게 하는 중력, 물과 연잎 표면 사이의 작용하는 힘, 물방울을 원형에 가까운 모양으로 만드는 표면장력에 의해 둥근 형태의 물방울이 형성됩니다. 이 물방울은 연잎에 붙지 않고 경사와 크기에 따라 이리저리 움직이게 되는 것이죠. 만약 연잎 표면이 친수성을 띠었다면 물방울은 바로 평평한 필름처럼 퍼지게 되었을 것입니다. 연잎 표면은 소수성이 특히 강하여 초소수성(超疏水性, super-hydrophobic)이라고 합니다. 초소수성 물질은 바닥 면이 물방울과 접촉하는 각도가 150도 이상 되기 때문에 물방울과 바닥 면의 접촉 면적이 매우 적어 동그란 물방울을 형성합니다. 이러한 효과를 실생활에 이용한 사례는 많습니다. 대표적인 것이 방수, 방진 제품들인데, 빗물에 젖지 않는 기능성 의류, 습기가 끼지 않는 유리 표면, 먼지나 오염물질에 강한 페인트가 초소수성 코팅 처리를 이용한 것들입니다. 연잎이 초소수성을 대표하는 물질이기에 초소수성을 '연잎 효과(Lotus effect)'라고도 부릅니다.

연은 진흙 속에서도 맑고 깨끗한 꽃을 피워내며 자신의 청정함을 그대로 간직합니다. 이 불염성(不染性)에 매료되어 많은 이들이 연을 사랑했지요. 중국 북송의 유학자 주돈이는 "연꽃이 진흙 속에서 나왔지만 진흙에 물들지 않는" 군자의 덕성을 지닌 꽃으로, 조선의 '꽃 마니아' 유박(柳璞, 1730~1787)은 "깨끗한 벗(淨友 정우)"이라 칭하였습니다. 이처럼 세속에 오염되지 않고 탐욕을 버리는 연은 자연계의 고고한 미니멀리스트라고 할 수 있지 않을까요. 연잎이 물방울을 밀어내듯이 우리도 제 분수를 지키며 탐욕을 밀쳐낼 수 있는 지혜로운 마음의 돌기 하나쯤 갖고 있으면 좋겠습니다.

인품과 화품

身言書判

신언서판

화품(花品)은 인품(人品)과 같아서 온갖 종류가 뒤섞여 어지럽고 모양과 빛깔이 저마다 다르다. 고운 것과 추한 것, 담백한 것과 진한 것, 높고 고요한 것과 우뚝하고 고운 것, 꼿꼿하여 품격이 있는 것과 요염하여 자태가 있는 것, 미인 같은 것과 소인 같은 것도 있다. (……) 시정(市井)과 조정(朝廷) 사이에서 사람을 알아보는 일도 이와 같다.[*]

조선 후기의 정치가 목만중(睦萬中, 1727~1810)은 사람을 판단하는 것이나 꽃을 평가하는 것이 같은 일이라고 말합니다. 수만 가지의 꽃을 품

---

* 목만중의 『여와집(餘窩集)』 권13에 실린 「백화암기」의 내용 중 일부입니다.

평하는 것은 쉬운 일이 아닙니다. 하물며 사람을 판단하고 평가하는 일은 말할 것도 없겠지요. 인사가 곧 만사라고 하지 않습니까.

청년들의 취업 전쟁이 심각합니다. 그 어려운 대학 입시에 진을 다 빼는 것도 모자라 대학 졸업 후에도 취업 전쟁을 치르고 있습니다. 힘든 필기시험을 간신히 통과하면 면접이 기다리고 있습니다. 각종 시험대비 학원은 물론 취업을 위한 전문적인 면접 학원이 성황을 이루는 것은 취업이 그만큼 어렵다는 것을 방증하는 것이겠지요. 면접이란 말 그대로 서로 얼굴을 마주하고 만나는 일인데, 요즈음에는 면접하면 바로 취업이나 시험이 연상되어 괜히 위축되고 긴장됩니다. 먹고살기 위해 청년들이 얼마나, 그리고 언제까지 아등바등해야 하는지 가슴만 답답합니다.

중국의 당나라에서 관리를 등용할 때는 용모와 언변, 글과 판단력을 기준으로 삼았다고 합니다. 이른바 신언서판(身言書判)이 그것인데, 일종의 면접 기준이었지요. 사람을 처음 만났을 때, 그 사람의 풍채와 용모가 반듯하면 좋은 인상을 받게 됩니다. 또 자신의 의견을 조리 있게 표현하는 언변과 아름다운 글과 글씨는 그 사람의 인격을 대변합니다. 거기에 세상과 사물의 이치를 깨달아 올바른 판단을 할 수 있는 사람이라면 출중한 인물로 판단하였습니다. 이 기준은 우리나라에서도 조선시대까지 관리를 등용할 때 그대로 적용되던 중요한 척도였습니다. 정조 임금도 인물을 잘 살펴 구별할 수 있는 좋은 방법이 신언서판이라고 했습니다.

이 네 가지 기준에서 순서가 주는 의미도 각별합니다. 먼저 용모를 보고, 그다음 문필을 시험하는 것이 순서였지요. 결국 관료를 등용할 때 외모에서 풍기는 느낌과 인상이 그 사람을 판단하는 첫 번째 통과 기준이었던 것입니다. 그러나 겉과 속이 다를 수 있으니 외모만으로 사람을 평가한다면 크게 후회할 수도 있을 겁니다. 그래서 이모취인(以貌取人)이라는 사자성어는 '겉모습만으로 사람을 판단하지 마라'라는 경고의 의미가 담겨 있습니다. 그렇기 때문에 외모와 언변, 글과 판단력을 종합하여 평가하는 것이지요.

천하의 공자도 "나는 언변으로 사람을 판단하다가 재여(宰予)를 잘못 보았고, 용모로 사람을 판단하여 자우(子羽)를 잘못 보았다(吾以言取人 失之宰予 以貌取人 失之子羽 오이언취인 실지재여 이모취인 실지자우)"*라고 하며 외모로만 제자를 평가했던 실수를 인정한 적이 있습니다.

하지만 외모의 중요성은 누구나 아는 사실입니다. 그것을 정량적으로 평가하기는 어렵지만, 짧은 시간에 직관적으로 느낄 수 있는 그 무엇이 첫인상을 결정짓는 중요한 요소라는 것을 부정할 수 없습니다. 최근 젊은이들 사이에서 화제가 되고 있는 웹툰 〈외모지상주의〉는 우리 시대에 외모가 가지는 절대적 힘을 보여줍니다.

우리가 식물을 판단할 때도 사람을 평가할 때와 비슷하지 않을까 생각해봅니다.

조선시대에는 아끼는 식물에 대해 화품평론(花品評論)을 즐겨 하였는

---

* 공자의 수많은 제자 중에는 자우(子羽)와 재여(宰予)가 있었는데, 공자는 외모가 못난 자우에게 재능도 없으리라 생각했고 말만 앞서는 재여도 수시로 책망하였습니다. 그러나 둘 다 유능한 제자이자 학자였던 것을 나중에 안 공자는 자신의 실수를 반성하였다고 합니다. 사마천의 『사기』 권67, 「중니제자열전(仲尼弟子列傳)」에 나오는 이야기입니다.

데 꽃의 아름다움과 운치, 상징하는 바가 중요한 평가 기준으로 작용하였습니다.

조선 초기의 학자 강희안의 〈화목구품(花木九品)〉*과 조선 후기 '꽃 마니아' 유박(柳璞, 1730~1787)의 〈화목구등품제(花木九等品第)〉**가 화품 평론의 대표적인 사례입니다.

특히 유박은 꽃에 미쳐 온갖 귀한 꽃들을 모아 꽃동산을 만들고 연못 한가운데는 석가산을 만들어 소나무를 심었다고 합니다. 그는 외국에서 새로운 꽃이 들어왔다는 소식을 접하면 없는 살림에도 불구하고 어떻게든 구하고자 애를 썼지요. 그가 머물렀던 백화암에는 1년 365일 꽃이 지는 날이 없이 희귀한 꽃들로 가득 차 있었다고 합니다.***

강희안과 유박은 당시 즐겨 가꾸던 화목****을 9품 또는 9등급으로 구분

---

* 강희안의 〈화목구품(花木九品)〉은 다음과 같습니다. 1품-소나무, 대나무, 연꽃, 매화, 국화. 2품-모란, 3품-사계, 월계, 왜철쭉, 영산홍, 진송, 석류나무, 벽오동. 4품-작약, 서향화, 노송, 단풍나무, 수양, 동백나무. 5품-치자나무, 해당, 장미, 홍도, 벽도, 삼색도, 백두견, 파초, 전추라, 금전화. 6품-백일홍, 홍철쭉, 홍두견, 두충. 7품-배꽃, 행화, 보장화, 정향, 목련. 8품-촉규화, 산단화, 옥매, 출장화, 백청화. 9품-옥잠화, 불등화, 연교화, 초국화, 석죽화, 앵속각, 봉선화, 계관화, 무궁화. 이것은 유박의 『화암수록』에 실린 내용입니다.

** 유박의 〈화목구등품제(花木九等品第)〉는 다음과 같습니다. 1등-매화, 국화, 연꽃, 대나무, 소나무. 2등-모란, 작약, 왜철쭉, 해류(海榴), 파초. 3등-치자나무, 동백나무, 사계화, 종려, 만년송. 4등-화리(華梨), 소철, 서향화, 포도나무, 귤나무. 5등-석류나무, 복숭아나무, 배롱나무, 감나무, 벽오동. 7등-배나무, 정향, 목련, 앵두나무, 단풍나무. 8등-무궁화, 패랭이꽃, 옥잠화, 봉선화, 두충. 9등-접시꽃, 동자꽃, 금전화, 석창포, 회양목.

*** 자세한 내용은 『화암수록-꽃에 미친 선비, 조선의 화훼백과를 쓰다』(유박 지음, 정민 등 옮김, 휴머니스트, 2019)를 참조하십시오.

**** 화목(花木)이란 말 그대로 해석하자면 '꽃나무', 즉 '꽃이 피는 나무'이지만, 당시에는 나무와 풀 중에서 꽃이 아름다운 것을 화목으로 통칭한 듯합니다.

조선시대 문무백관의 벼슬에 높고 낮음이 있었듯이 꽃들도 엄격한 서열이 있었습니다. 경복궁 근정전의 품계석.

하고 등수별로 해당되는 것을 나열하였습니다. 마치 조선시대에 관료를 선발할 때, 신언서판의 기준을 적용하고 관직을 1품부터 9품까지 품계를 나누었던 것과 비슷합니다. 특히 유박은 '1등은 고상한 품격과 빼어난 운치, 2등은 부귀함, 3, 4등은 운치, 5, 6등은 번화함, 7, 8, 9등은 각각의 장점'에 따라 각기 등수를 정하고 외래종은 가급적 배제했습니다. 그는 각 등수별로 5종을 선별하여 총 45종의 식물을 선정하였습니다.

유박은 1등으로 선정한 매화에 대해 "매화는 강산의 정신이요 태고의 면목이다. (……) 매화는 천하의 매력적인 물건이니, 지혜로운 사람이나 어리석은 자, 어질고 못난이 할 것 없이 아무도 여기에 이의를 달지 않는다. 원예를 배우는 사람은 반드시 매화를 가장 먼저 심는데, 숫자가 많아도 싫어하지 않는다. (……) 고매(古梅)는 풍취가 아득하여 이보다 더 홀

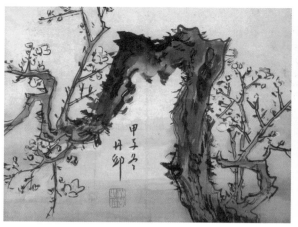

김홍도, 〈노매도〉, 1804년작.

정선, 〈노송영지도〉, 1755년작.

강희안과 유박이 모두 1품과
1등으로 꼽은 매화, 소나무,
대나무, 국화, 연꽃.

이정, 〈풍죽〉, 17세기.

정조, 〈들국화〉, 18세기.

심사정, 〈연지쌍압〉, 18세기.

류하기가 어렵다. 말을 잘하는 선비도 그 모습을 비슷하게라도 형용하지 못하니, 틀림없이 용과 같아 그려내기가 어렵다"라며 최상의 상찬을 올렸습니다. 그는 수많은 꽃과 나무 중에 40여 종만을 선택해야 했으니 고심이 깊었을 수밖에 없었겠지요. 유박은 구등품에 속하지 못한 12종을 추가로 밝히며 다음과 같이 안타까운 마음을 표합니다.

산수유, 백합, 비자나무, 은행나무 (……) 이상 12종은 운치가 있고 번화하니, 마땅히 4등이나 5등에 들어가고도 남는다. 하지만 1등은 고상한 품격과 빼어난 운치를 취하고 2등은 부귀를 취하는 등 이런저런 이유로 저마다 옮길 수 없는 등수가 있으므로, 매 등마다 다섯 가지씩 뽑는 것을 원칙으로 삼았다. 마침내 9등 밖에 따로 적어 덧붙인 까닭은 저 꽃이 이것보다 나아서가 아니다. 그저 형편이 어쩔 수 없었을 뿐이다.

면접관이 못내 아쉬운 나머지 예비합격자를 발표하고 불합격자들에게는 위로의 말을 전하는 요즈음 취업 면접의 광경을 떠올리게 합니다.

유박의 화목구등품에 포함된 45종의 식물들은 대부분 낙엽성 식물입니다. 또 30여 종의 식물들이 꽃을 보기 위한 화목류나 화초류인 것을 보면 식물의 평가에서 꽃이 그만큼 중요했다는 뜻이겠지요. 여기에 강희안의 화목구품에는 거의 들어 있지 않았던 과일나무들, 예컨대 감나무, 석류나무, 배나무, 귤나무, 포도나무, 살구나무, 복숭아나무, 앵두나무가 더해진 것을 알 수 있습니다. 여기에는 이용후생을 강조했던 조선 후기의 실학사상도 한몫했을 것으로 생각됩니다. 그는 또 외래종이나 조정

전기의 〈매화초옥도〉, 19세기. 눈이 아직 녹지 않은 초가 주변에 최고의 화품에 오른 매화가 만발합니다.
친구를 찾아가는 손님의 석류빛 도포가 이채롭습니다.

에 바치는 것을 으뜸으로 치는 것을 꺼렸으며, 매화나 국화처럼 훌륭한 꽃들을 흔한 꽃들과 함께 두는 것을 '훌륭한 선비와 보통 사람을 나란히 세워둔 꼴'이라며 당시 화훼문화의 병폐를 꼬집었습니다. 그러면서 "화림(花林)에서 지위의 차례를 정하는 일은 엄격히 하지 않을 수 없다"고 하였습니다. 당시에는 나무와 꽃들도 서열이 분명했던 모양입니다. 화품평론이 인품평론 못지않게 중요했던 18세기 우리나라의 독특한 원예문화를 엿볼 수 있는 대목입니다.

하지만 아무리 높은 화품을 지녔더라도 그 꽃과 나무의 생리적 특성을 제대로 알지 못하면 그 또한 의미 없는 일입니다. 식물이 가지고 있는 고유한 성향과 특징, 심을 장소의 환경 등을 잘 파악하지 않으면 낭패를 보기 십상이기 때문이지요. 결국 식물을 선택할 때 생김새와 생육 상태뿐 아니라 심을 곳의 환경과 주변과의 조화를 종합적으로 판단하여 결정할 일입니다. 그러고 보면 꽃과 나무를 고를 때도 사람을 판단할 때처럼 신언서판의 기준이 얼추 들어맞는 듯합니다.

옛 문인들의 화품에만 매달리다 낭패를 본 경험은 제게도 있습니다. 몇 해 전, 옛글과 그림에서만 보던 운치를 내기 위해 "강산의 정신이요 태고의 면목"이라고 유박이 칭송하던 매화 한 그루를 한 평밖에 되지 않는 집 마당 한 귀퉁이에 심었습니다. 이른 봄에 그윽하게 퍼지는 향기와 매실이라는 열매, 그리고 군자, 지조 등을 뜻하는 매화의 상징성 때문에 욕심을 부렸지요. 그러나 첫해와 그다음 해에만 짧게 눈으로 호사를 누렸을 뿐, 그다음 해부터는 생육이 부실하더니 급기야 가지에 진딧물이 끼고 힘겨워하는 모습이 역력하였습니다. 도심의 높은 빌라 건물에 파

묻혀 바람이 잘 통하지 않는 우리 집의 위치도 매화의 생육에 걸림돌로 작용한 듯합니다. 주변의 입지 조건이나 나무의 특성을 고려하지 않고 제 욕심만 앞세운 결과였지요. 허물없이 같이 지낼 수 있는 친구를 구했어야 했는데, 주제넘게 화품평론에서 1등을 한 고상한 선비를 모셔 와서 애를 먹인 꼴이 되고 말았습니다. 나무와 꽃의 고고한 운치와 품격도 중요하겠지만, 주인이나 집의 품격도 걸맞아야 한다는 것을 그제야 비로소 깨달았습니다.

마당이나 정원에 식물을 심을 때 외형적인 모습과 운치도 중요합니다. 그러나 그 땅에서 오랫동안 잘 자랄 수 없다면 무의미한 일이지요. 식물은 다른 조경재료와 달리 살아 있는 생명체이므로 생육 가능성을 먼저 고려해야 합니다. 적지적수(適地適樹)라는 말을 많이 하는데, 바로 그런 의미입니다.

적지적수라는 말은 나무에만 해당하는 것이 아닙니다. 사람도 마찬가

매번 난항을 겪는 고위공직자 인사청문회. 신언서판을 고루 갖춘 인물 찾기가 갈수록 어렵습니다.

식물에게 배우는 네 글자

지겠지요. 자질과 능력이 아무리 출중해도 그 자리에 적합하지 않으면 아무 쓸모가 없습니다. 그보다는 각자의 역량에 맞는, 그래서 서로 만족하는 자리가 본인을 위해서도 조직을 위해서도 좋은 일입니다. 매번 난항을 겪고 있는 고위공직자 인사청문회를 보면서 신언서판을 고루 갖춘 인물을 찾기가 점점 어려워지고 있는 현실이 내심 걱정됩니다.

우리의 정체성

摸棱兩可

모릉양가

나무도 아닌 것이 풀도 아닌 것이

곧기는 뉘시기며 속은 어찌 비었는가

저렇게 사시에 푸르니 그를 좋아하노라.

고산 윤선도의 〈오우가(五友歌)〉* 중 대나무를 읊은 시입니다.

대나무는 나무인가, 풀인가? 많은 분이 헷갈리실 겁니다. 옛사람들도 대나무를 비목비초(非木非草), 즉 나무도 아니고 풀도 아니라고 했습니

---

* 고산 윤선도가 은거지인 금쇄동(金鎖洞)에서 수(水)·석(石)·송(松)·죽(竹)·월(月)이라는 자연의 다섯 가지 벗에 대한 애정을 담아 지은 시조. 고산 문학의 대표작이자 우리말의 아름다움을 잘 나타낸 백미라 평하기도 합니다. 〈산중신곡(山中新曲)〉에 들어 있습니다.

옛날부터 '비목비초(非木非草)'라 하여 그 정체가 애매했던 대나무.

다. 지금도 대나무를 풀로, 또는 나무로, 아니면 풀과 나무의 중간이라고 하는 사람도 있습니다. "대나무가 풀이면 어떻고 나무면 어떤가, 그걸 굳이 따지고 밝혀야 하나?"라는 의견에 저도 공감합니다. 우리는 먹고사는 일이 중요하다 보니, 사물의 소속과 명칭을 정하는 일에 그다지 관심을 두지 않습니다. 그러나 생물을 비슷한 것끼리 모아 이름 짓고, 구분하는 분류학에서는 중요한 사항입니다. 분류학이란 마치 우리의 주소와도 비슷한 개념인데요. 주소가 공간적인 위치가 중요하다면, 분류학은 생물의 외형적 특징과 유전적 관계가 중요합니다.

식물을 구분할 때 보통 나무(木本 목본)와 풀(草本 초본)로 나눕니다. 나무는 단단한 목질부로 된 부분이 지상에서 수십 년 또는 수백 년 동안 남아 있으며 줄기에 있는 형성층이라는 조직에서 세포가 분열하여 부피가 늘어나는 비대생장을 합니다. 또한 우리나라 같은 온대지방에서는 계절에 따라 세포가 자라는 생장 속도와 크기가 다르기 때문에 줄기에 뚜렷한 나이테를 남깁니다. 반면에 풀은 1년이나 수년 안에 지상 부분이 말라 죽고 비대생장을 하지 않습니다. 이것이 나무와 풀을 구분하고 결정짓는 중요한 특징입니다.

그런데 대나무는 단단한 줄기로 수십 년을 사니, 나무라고 해야겠지만, 다른 나무처럼 형성층이 없어 매년 비대생장을 하지 않아 나이테가 없습니다. 그래서 많은 학자가 대나무를 벼과에 속하는 풀로 분류합니다. 대나무는 얼핏 보면 나무처럼 보이는 데다가 이름까지 대나무로 불리니 더욱 그럴 수밖에요.

그런데 대나무만큼이나 혼란스러운 표현은 또 있습니다. 흔히 '나무와 꽃'이라고 하는데, 이는 식물학적으로 엄밀히 따지자면 '나무와 풀'로 해야 옳습니다. 나무와 꽃이라 하면 나무는 목본, 꽃은 초본처럼 들리니까요. 나무에도 당연히 꽃이 피므로 나무와 꽃은 어색한 표현입니다. 그러나 식물과 관련된 일을 하는 저도 때로는 일상에서 관용적으로 자주 쓰는 나무와 꽃이라는 표현이 가슴에 더욱 와닿을 때가 많습니다. 나무와 풀이라고 하면 어쩐지 건조하고 딱딱한 표현처럼 느껴집니다. 그런데 나무와 꽃이라고 하면 그 단어 속에서 꽃이 피어나는 것처럼 화사한 분위기가 느껴지기도 하니까요. 표현은 이처럼 감성과 이성 사이에서 줄타기합니다.

나무는 또한 잎의 모양에 따라 활엽수와 침엽수로 구분해서 부릅니다. 그렇다면 누구나 다 아는 은행나무는 어디에 속할까요? 어떤 학자는 침엽수로 분류하고, 또 다른 학자는 활엽수로 분류합니다. 전문가들 사이에서도 의견이 분분하여 더 혼란스럽습니다. 사실 은행나무는 이 지구상에 침엽수가 태어나기 전에 등장했으므로 이러한 논쟁이 무의미할 수도 있습니다. 은행나무는 지구상에서 가장 오래된 식물 중 하나로 지금으로부터 약 2억 9,000만 년~2억 3,000만 년 전 고생대 페름기에 소철류와 함께 지구의 식생을 대표했던 식물입니다. 활엽수나 침엽수 어디에도 속하지 않는, 진화 역사상 침엽수 이전 단계의 원시 식물입니다. 이에 대해 국립세종수목원장인 이유미 박사는 이렇게 말합니다. "과거의 진화 과정이야 어떻든, 침엽수인지 활엽수인지는 잎을 보고 구분하기 좋도록 만든 것이라 할 때, 지금 엄연히 넓은 잎으로 보이면 활엽수인 것

충남 부여군 내산면 녹간마을에 있는 천연기념물 제320호 은행나무. 결실이 좋은 암나무입니다.

이 옳다는 생각이다. 판단은 이 글을 읽는 독자에 맡긴다."* 저도 이분의 의견에 한 표를 던집니다. 그러나 은행나무가 어디에 속하건 은행나무의 존재와 가치에 대해서 이견을 내는 사람들은 없을 것입니다. 현재 은행나무 자생지는 중국의 저장성 일부 지역으로 국한되어 있어 '식물계의 판다'라고도 불립니다.

은행나무는 대기오염과 병충해에 강할 뿐 아니라 강인한 생명력을 지녀 우리나라 전체 가로수의 약 40%를 차지합니다. 도심에서 쉽게 만날 수 있는 나무이기도 하지만, 전국 곳곳의 마을이나 사찰에 심긴 대표적

* 이유미, 『우리 나무 백가지』, 현암사, 2015.

인 노거수이기도 합니다. 현재 문화재청에서 천연기념물로 지정하고 관리하는 은행나무 노거수는 총 23건으로 천연기념물 노거수 중 가장 많은 수를 차지하고 있습니다.

알다시피 은행나무는 암나무와 수나무가 따로 있는 암수딴그루(雌雄異株, 자웅이주)*입니다. 그러나 은행나무는 꽃이 필 때까지 자기의 정체성을 드러내지 않고 애매한 태도를 취합니다. 은행나무는 공손수(公孫樹)**라는 별칭처럼 수십 년이 지나야 처음으로 꽃이 피고, 그때야 비로소 암나무인지 수나무인지 확실히 알 수 있는 나무입니다.

독일에서는 괴테가 특히 은행나무를 사랑하여 은행나무의 별칭이 '괴테의 나무'로도 불립니다. 은행나무가 독일에서 유명하게 된 계기는 괴테가 사랑하던 여인 마리안네(Marianne)에게 보낸 "둘로 나뉜 한몸인가? 아니면 하나로 알고 있지만 둘인가?"라는 시 때문이었습니다.*** 그는 암수딴그루이면서 하나의 잎이 두 개로 갈라진**** 데서 착안하여 쓴 이 시와 은행나무 잎을 편지에 동봉하여 마리안네에게 마음을 전했습니다.

괴테가 1815년 사랑하던 여인 마리안네에게 보낸 편지에 들어 있던 은행나무 잎 두 장과 은행나무 시.

은행은 그 맛이 좋아 예전부터 식용과 약용으로 즐겨 찾지만, 잘 익은 은행 열매의 냄새에는 예나 지금이나 손사래를 칩니다. 최근에는 가로수에서 떨어진 은행 열매의 고약한 냄새***** 때문에 민원을 제기하는 사람마저 있다고 합니다. 늦가을 도심의 은행나무 아래에서는 마치 지뢰밭을 걷듯이 땅에 떨어진 은행을 이리저리 피하면서 조심스레 발길을 떼야 합니다. 땅바닥에 나뒹굴 때는 까치발로 피해 다니지만, 임금님 수라상에 오르는 신선로에서는 귀한 대접을 받으니, 은행 입장에서 보면 알다가도 모를 일일 것입니다.

예전에는 고약한 냄새에 못 이겨 급기야 암나무를 수나무로 바꾸고자 정성스레 제사를 지낸 일도 있습니다. 이유원(李裕元, 1814~1888)이 펴낸 『임하필기(林下筆記)』에는 "옛날 사람들이 행단(杏壇)******의 제도를 모방하여 문묘(文廟) 앞에 두 그루의 은행나무를 마주하여 심었는데, 그 열매가 땅에 떨어지면 냄새가 나서 가까이 갈 수가 없었다. 그래서 어떤 성균관 관원이 나무에 제사를 지냈는데 그 후로 다시는 나무에 열매가 맺

---

* 한 그루에서 암꽃과 수꽃이 같이 피는 자웅동주는 쉽게 열매를 맺을 수 있지요. 반면에 자웅이주는 다른 성의 나무가 가까운 곳에 있어야 열매를 맺을 수 있습니다. 그런데도 자웅이주는 서로 다른 나무의 꽃가루를 받는 것이 유전적으로 다양한 자손을 남길 수 있다는 장점이 있지요. 옛 속담에 "처가와 화장실은 멀수록 좋다"는 말도 이를 두고 한 말일 겁니다.
** 은행나무를 심으면 심은 사람의 손자 대에 이르러서야 열매를 얻을 수 있다는 뜻으로 붙여진 별칭입니다.
*** 괴테가 1818년 펴낸 『서동시집(West-östlicher Divan)』에 수록된 〈은행나무(Ginkgo biloba)〉라는 시입니다.
**** 은행나무의 학명은 *Ginkgo biloba*인데 종소명인 *biloba*는 '두 개로 갈라진'이라는 뜻을 지니고 있습니다.
***** 은행의 지독한 냄새는 종자의 외피를 싸고 있는 과육에 식물성 지방산의 일종인 부티르산(butyric acid)과 팜유나 야자수에도 들어 있는 카프로산(caproic acid)이 원인이라고 합니다.
****** 공자가 살구나무 아래에서 제자들을 가르쳤던 것에 연유해 행단(杏壇)으로 불립니다. 중국에서는 살구나무 단이라는 뜻의 행단을 우리나라에서는 언제부터인가 은행나무 단으로 간주해왔습니다. 조선시대 학자 이수광과 정약용은 우리나라 사람들이 잘못 인식하여 은행나무로 오해한 것이라 했습니다.

도로에 떨어진 은행은 까치발을 들고 피해 가지만, 일단 식탁에 오르면 귀한 몸입니다.

길바닥에 은행 열매가 떨어지지 않도록 그물망을 쳐놓기도 합니다.

히지 않았다. 그래서 세상 사람들이 이를 이상한 일이라고 하였다"라고 적고 있습니다.*

우리나라에서도 오래전부터 '태도가 분명치 않은' 은행나무의 암수 구별에 관심이 많았던 모양입니다. 조선 숙종 때의 실학자 홍만선(洪萬選)이 쓴 『산림경제(山林經濟)』에도 은행이 둥글면 암나무, 세모지거나 뾰족하면 수나무로 구별했지만, 이것 역시 확실치 않습니다. 또 근래에는 가지가 자라는 각도로 암수를 구별할 수 있다는 말도 있으나 불명확합니다.

유럽에서 은행나무는 살아 있는 화석이자 바다 건너온 외래종으로 특별히 취급하지만, 은행 열매의 고약한 냄새 때문에 정원사들이 골머리를 앓습니다. 그래서 우리나라처럼 은행나무의 성별 구분이 관심사였지요. 유럽에서는 어린 은행나무의 겨울눈 조각의 형태와 크기로 암수를 구별할 수 있다거나 수관의 형태로 성별을 알 수 있다고도 이야기합니다. 또한 수나무는 암나무보다 2주 전에 잎이 나고 이에 따라 낙엽도 2주 일찍 진다는 의견도 있습니다. 그러나 정확한 암수 구별 기준이 되는 특징은 아직 밝혀진 바가 없습니다.

그런데 2011년에 우리나라의 국립산림과학원에서는 묘목의 잎을 채취한 뒤 DNA를 분석하여 암수를 구별하는 방법을 개발하고 국내는 물론 중국 특허등록까지 마쳤다고 하니 지켜볼 일입니다. 만약 20~30년

---

* 서울 명륜동의 성균관대학교 내 문묘의 명륜당 뜰 앞에 자라는 은행나무의 이야기입니다. 조선 중종 14년(1519)에 윤탁(尹倬)이 심었다고 전해지는 이 은행나무는 천연기념물 제59호로 지정되어 있습니다. 이 은행나무는 열매를 맺지 않는 수나무입니다.

은행의 고약한 냄새는 식물성 지방산의 일종인 부티르산(butyric acid)과 팜유나 야자수에도 들어 있는 카프로산(caproic acid)이 원인이라고 합니다.

뒤에 가로수로 은행나무 수나무만 남게 된다면 언젠가는 고약한 은행 냄새를 그리워할 때가 올 수도 있겠지요.

은행나무는 제 열매가 고약하다는 것을 알고 꽃이 필 때까지 스스로 애매한 태도를 취했는지도 모릅니다. 처음부터 암수 구별이 가능했다면 암나무는 가로수로 살아남기 힘들었겠지요. 최소 수십 년 동안은 암수 구별이 어려우니 그때까지는 안심하고 지낼 수 있었을 테니까요. 또 그 정도 세월이 지나면 한 번 심은 나무를 암나무라고 해서 다시 뽑거나 베기도 어려우므로 모호한 태도가 오히려 이롭지 않았을까요. 은행나무는 정체를 확실히 밝히지 않는 전략으로 저 자신을 보호하는지도 모를 일입니다. 그래서인지 공교롭게도 은행나무는 남성과 여성, 기쁨과 슬픔,

강함과 약함 등 음양(陰陽)의 원리를 상징하기도 합니다.

　중국 당나라 때 소미도(蘇味道, 648~705)라는 사람은 재능과 학식이 뛰어나 벼슬에 올랐지만, 소송에 휘말려 감옥에 가기도 하고, 다시 복직 했다가는 탄핵을 받아 좌천되는 등 굴곡진 삶을 살았습니다. 이처럼 정 치적 부침이 심했던 그는 하는 일에 자신감이 떨어지고 무슨 일을 결정 할 때 혹여 그르칠까봐 노심초사하며 확실한 결정을 내리지 못했다고 합니다. 소위 결정 장애가 있었던 그는 책상의 모서리를 만지면서 "일을 결정할 때 명백한 태도를 취하면 안 된다. 일을 그르치면 후회하게 되는 데, 책상의 모서리를 만지면 양쪽 면을 다 만질 수 있지 않은가(決事不欲 明白 誤則有悔 摸棱持兩端可也 결사불욕명백 오칙유회 모릉지양단가야)"라며 이것도 저것도 아닌 어정쩡한 태도를 취했다고 합니다.* 꽃이 필 때까지 자신의 정체를 밝히지 않고 애매모호한 모습을 보이는 은행나무에서 소 미도의 전략이 겹쳐 떠오릅니다.

　대나무를 나무로 표현하든 풀로 생각하든 대나무는 그대로 대나무입 니다. 대나무를 이해하고 표현하려 할 뿐이지 그 존재를 변화시킬 수는 없지요. 우리는 모든 것들을 정해진 틀 안에 집어넣어야 한다는 강박에 사로잡혀 있는지 모릅니다. 프로크루스테스(Procrustes)의 침대는 우리 시대에도 존재하는 것 같습니다. 수많은 것들이 정해진, 아니 정해준 틀

---

* 그의 일화에서 유래된 사자성어가 '모릉양가(摸棱兩可, 책상의 모서리를 만지면 양쪽 면 모두를 만지게 된다)'로 태도가 분명치 않고 애매모호한 것을 뜻합니다.

안에만 머물 수는 없습니다. 잡초와 약초 사이에 분명한 경계가 없듯이 이것도 저것도 아닌, 경계가 모호한 것들도 수없이 많지요. 또한 이것과 저것도 고정적인 것이 아니어서 수시로 넘나들고 진화해갑니다. 우리 시대의 문화적 아이콘이 된 지그문트 바우만이 이야기했듯이 개인의 사회적 배역을 미리 결정하고 정의함으로써 의무적이고 강압적으로 된 공동체는 점차 주변부로 밀려나게 되었습니다. 대신 유동적인 사회에서 정체성이란 '스스로 알아서 할 일'처럼 '자유로운 선택'이 되고 있습니다.

분명한 정체성을 강요받는 사회에서 애매함이란 선명성이 떨어질지라도 진정성마저 없는 것은 아닐 것입니다. 어떤 대상과 현상과 생각을 언어로 규정하고 설명하기는 쉬운 일이 아닐뿐더러 그것을 완벽하게 드러낼 수도 없는 노릇입니다. 그보다는 그에 대한 본질적인 의미를 궁구하는 것, 그리고 그 가치를 인정하는 것이 더 중요하겠지요. 최근 민족이나 이념뿐 아니라 자아나 성에 관한 정체성 등 여러 분야에서 논의되고 있는 우리의 정체성 문제가 도심의 은행나무 가로수 풍경과 묘하게 겹쳐집니다.

· 참고문헌 ·

· 강영호, 김동연 지음, 『조선시대 산불』, 동화기술, 2015.

· 강희안 지음, 서윤희, 이경록 옮김, 『양화소록』, 눌와, 2012.

· 국립수목원 지음, 『한국 침입 외래식물의 이해』, 2016.

· 국토교통부 국토지리정보원 지음, 『대한민국 국가지도집 Ⅱ』, 2017.

· 군터 숄츠 지음, 김희상 옮김, 『바다의 철학』, 이유출판, 2020.

· 김난도 외 지음, 『트렌드 코리아 2017』, 미래의창, 2017.

· 김승옥 지음, 「우리나라 지중온도의 관측현황 및 기후학적 특성」, 공주대학교 대학원 석사학위논문, 2004.

· 김윤미 지음, 「전시체제기 군수물자 확보와 조선인 근로동원: 석유 대용품 송지, 송탄유, 송근유를 중심으로」, 《숭실사학》, 25호, 207~237쪽, 숭실사학회, 2010.

· 니컬러스 크리스태키스, 제임스 파울러 지음, 이충호 옮김, 『행복은 전염된다』, 김영사, 2010.

· 대니얼 샤모비츠 지음, 권예리 옮김, 『은밀하고 위대한 식물의 감각법』, 다른, 2019.

· 데이비드 애튼보로 지음, 과학세대 옮김, 『식물의 사생활』, 까치, 1995.

· 도리스 로더 지음, 『Mythos Baum』, BLV, 2009.

· 문화재청 지음, 『근정전 보수공사 및 실측조사보고서』, 2003.

· 문화재청 지음, 『한국의 초상화』, 눌와, 2007.

· 박균섭 지음, 『선비와 청빈』, 역락, 2019.

· 손승우 지음, 『녹색동물』, 위즈덤하우스, 2017.

· 신응수 지음, 『경복궁 근정전: 무형문화재 대목장 신응수 근정전 중수기』, 현암사, 2006.

· 아리스토텔레스 지음, 천병희 옮김, 『니코마코스 윤리학』, 숲, 2013.

· 안소영 지음, 『다산의 아버님께』, 보림, 2008.
· 여성가족부 지음, 『2018년 국민 다문화수용성 조사』(연구보고 2018-60), 2018.
· 오마이뉴스, "'망언제조기' 아소 가문, 일제 때 '안면도 산림' 훼손했다", 2005년 12
　월 9일자 기사.
· 유박 지음, 정민 외 옮김, 『화암수록』, 휴머니스트, 2019.
· 이나가키 히데히로 지음, 염혜은 옮김, 『도시에서 잡초』, 디자인하우스, 2014.
· 이나가키 히데히로 지음, 정소영 옮김, 『유쾌한 잡초 캐릭터 도감』, 한스미디어,
　2018.
· 이선 지음, 『한국의 자연유산』, 수류산방, 2019.
· 이유 지음, 『식물의 죽살이』, 지성사, 2019.
· 이유미 지음, 『우리 나무 백가지』, 현암사, 2015.
· 재레드 다이아몬드 지음, 강주헌 옮김, 『대변동: 위기, 선택, 변화』, 김영사, 2019.
· 정창권 지음, 『천리 밖에서 나는 죽고 그대는 살아서』, 돌베개, 2020.
· 제주관광공사 지음, 『제주관광 수용력 연구』, 2018.
· 중앙일보, "나이테로 구상나무 고사 원인 밝혔다", 2017년 2월 5일자 기사.
· 지그문트 바우만 지음, 김혜영 옮김, 『액체세대』, 이유출판, 2020.
· 천정화 지음, 「생태적 지위 모형에 기반한 주요 산림 수종의 지리적 분포 파악 및
　기후변화에 따른 영향 평가」, 국민대학교 대학원 박사학위 논문, 2012.
· 천정화, 신만용, 권태성, 임종환, 이영근, 박고은, 김태우, 성주한 지음, 『기후변화
　에 따른 주요 수종의 적지분포 변화 예측』, 국립산림과학원, 2014.
· 케여 힐셔 지음, 김숙희 옮김, 『식물 사냥꾼』, 이룸, 2004.
· 헤르만 헤세 지음, 배명자 옮김, 『정원 가꾸기의 즐거움』, 반니, 2019.
· 홍성각, 이명보, 임주훈, 이경재 지음, 「산불피해지의 복구성과 분석을 통한 산불피
　해 특성별 복원방업 고찰」, 『학술원논문집: 자연과학편 57(1)』, 141~201쪽, 2018.
· 환경부 지음, 『외래생물 유입에 따른 생태계 보호 대책』, 2014.

식물에게 배우는 네 글자

1판 1쇄 펴냄 2020년 11월 23일
1판 3쇄 펴냄 2023년 6월 20일

지은이 이 선

주간 김현숙 | **편집** 김주희, 이나연
디자인 이현정, 전미혜
영업·제작 백국현 | **관리** 오유나

펴낸곳 궁리출판 | **펴낸이** 이갑수

등록 1999년 3월 29일 제300-2004-162호
주소 10881 경기도 파주시 회동길 325-12
전화 031-955-9818 | **팩스** 031-955-9848
홈페이지 www.kungree.com | **전자우편** kungree@kungree.com
페이스북 /kungreepress | **트위터** @kungreepress
인스타그램 /kungree_press

ⓒ 이 선, 2020.

ISBN 978-89-5820-689-7   03300